在診療室遇見老子

野村總一郎
精神科醫師——著

郭子菱 譯

這裡，
是個沒有高低之差
勝敗之分的世界。

無論是強是弱，

幸或不幸，

帥氣也好，醜陋也罷，

無論老或年輕；

美麗或其貌不揚；

有錢或沒錢，

不管有能力還是沒能力，

厲害還是不優秀，

聰明或愚笨，

這個世界，怎樣都好。

啥？怎樣都好？

怎麼可能！

這只不過是自欺欺人罷了。

在現實社會，無論如何都有著所謂的高低和勝敗吧？

「大家一起達成目標」這種可笑的和平主義才不存在，

要說這種漂亮話也給我適可而止。

——你可能會這麼想。

啊，也是啦。

如果你比較認同這樣的想法，
也無所謂。

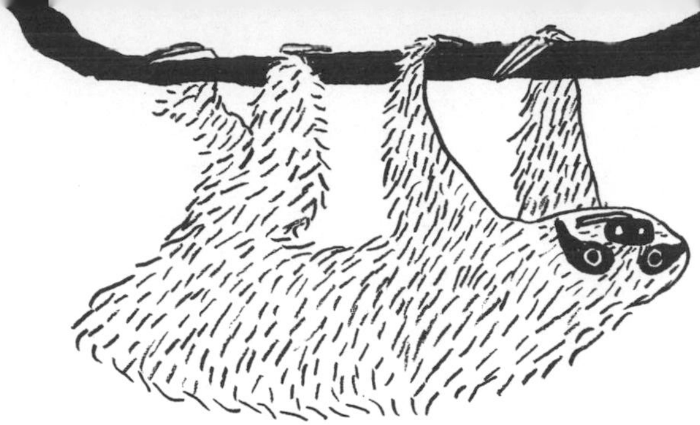

就隨你喜歡吧。
無論選擇何者，
都沒有所謂的錯誤。
不管你要選擇繼續往下讀，
或是闔上書不讀，
都沒關係。

目次

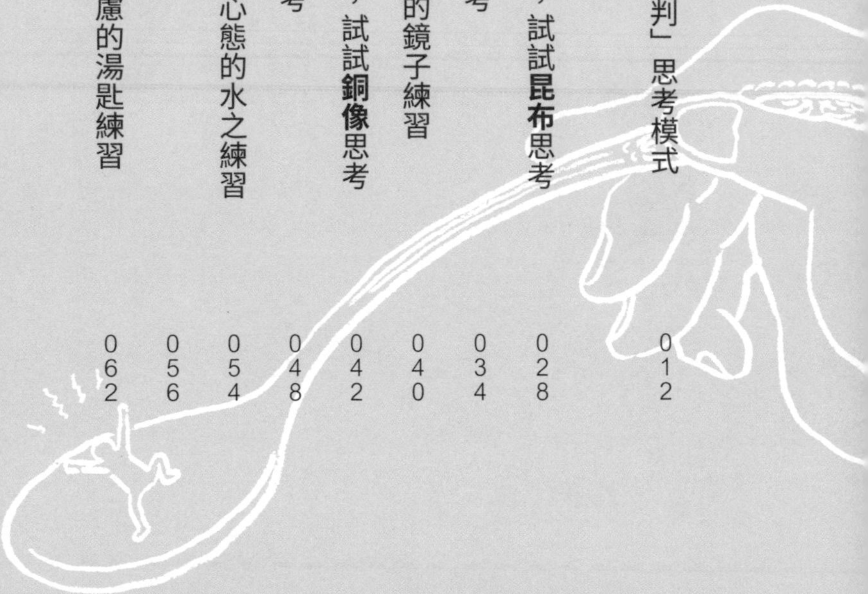

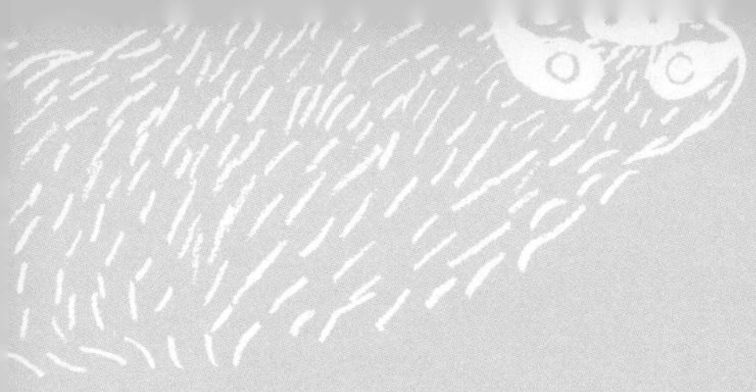

〈自序〉不再鑽牛角尖的「零批判」思考模式

初次見面，我是野村總一郎。關於我的詳細經歷，請容我等到後記再談。身為精神科醫師，我在這四十五年來已經面對過十萬名以上的患者，其中有許多人抱持著以下的想法。

- 覺得自己能力很差，得不到任何好評。
- 別人既狡詐又精明，自己卻這麼笨拙，總是吃虧。
- 朋友們都過著充實的生活，好嫉妒。

這些煩惱與不安的最根本原因，究竟出在哪裡呢？

我認為主要原因之一在於**總是不自覺與他人比較**，並為此煩惱不已，承受不必要的痛苦。

對於這類煩惱，有個極為有效的方式，那就是採取「零批判」思考模式。

「零批判」是什麼意思？或許很多人如此想著。

「批判」一詞代表「判定」「下判斷」。更進一步來說，還蘊含著「決定何者為正確」之意。

而**刻意停止批判**，就是「零批判」思考。

事實上，我們在各式各樣的情況下往往都會無意識地去批判，也就是制定優劣、關注勝敗、仰望或俯視他人。

- **有錢的人很幸福，沒錢的人就不幸。**
- **外表出眾的人很幸福，否則就不幸。**
- **在工作上受到好評的人很偉大，沒有的人則很遜。**
- **朋友多的人很棒，很少的人就寂寞。**

・擅長言詞的人很帥，嘴笨的人很遜。

試著列舉，就會發現這個世界上充滿數不盡的「批判」。

許多人不堪負荷這樣的批判，前來精神科門診求助。

此時我會詢問患者，這些身心不適是否皆起因於「擅自制定優劣」，並努力請對方先接納「自己正在做這個行為的事實」。

接著，我會仔細說明「不批判的重要性」。

零批判這個詞是我自己創造出來的詞彙，就像我們會稱沒有壓力的生活為「零壓力」。而壓力出現的原因之一，就在於批判。因此，倘若以零壓力的生活為目標，首先我希望大家從零批判開始嘗試。

不過，這個思考方式並非由我原創。

事實上，這是中國古代思想家——老子的處世哲學。

跨越兩千五百年的老子箴言

「這個名字好耳熟，是個很厲害的古人吧？」講到老子，是否很多人心中會這麼想呢？

老子活躍於西元前八世紀左右的中國春秋戰國時代，是一位亂世中的思想家。不過，是否真有其人，至今依舊充滿謎團，其存在本身就極為神祕。

而這位不可思議之人的言論跨越了兩千五百年以上的時光，甚至跨越國界，至今依舊影響著許多人的內心。仔細想想，這是件非常了不起的事。

各個時代的人們堅信「必須將這些道理完整流傳給後世」，不斷繼承這些箴言。

就某種意義來說，這也可以說是「真理」的證據吧。

那麼，老子究竟留下了什麼樣的箴言呢？

舉例來說，他曾說過這麼一段話。

不欲琭琭如玉，珞珞如石。

這段話的意思是這樣。

若能成為像鑽石那樣的存在當然很好。
縱使成為像石頭那般的存在，那也無妨。
只要這是自然的姿態，那麼接受並活下去就好。

說起來，我們本來就不必苦惱於想成為什麼或不想成為什麼，順其自然就好。別為鑽石和石頭制定優劣，然後加以批判——老子就在闡述這種態度。

老子認為，對於世間萬物逐一批判「好、不好」「偉大、不偉大」「厲害、不厲害」，本身就是很奇怪的。

老子用**「無為」**的概念來說明此事。無論什麼樣的存在，只要保持自然樣態就行了，別去做刻意的舉動，舉止自然即可。

這正是「零批判」思維。

當老子來到精神科診療室

身為精神科醫師，我會透過諮詢、開立處方藥等方式治療患者。不過，有時候比起這些方式，「老子的教誨」卻更為有效。所謂「有效」，即是給予對方活下去的希望、重大的啟示，讓對方改變看待自身環境與境遇的視角。

有一次，我向患者提到老子箴言時，對方聽了竟忽然哭了出來。

當然，我一開始並不認為老子的箴言會對憂鬱症患者有效。在和患者談話的過程中，我偶爾會介紹自己看過後特別喜愛的老子箴言，而有些患者會強烈感到一語中的，症狀也真的減緩不少。我已經歷過好幾次這樣的案例。

不斷累積這些臨床經驗後，我不自覺開始思考：「老子箴言會對心靈產生療效，是否有其合理的根據呢？」

近年來，認知行為療法、人際關係療法等源自西歐的代表性精神療法備受重視，其效果也受到公認。

當然，其價值確實不可動搖，不過另一方面，西歐的精神療法發展愈先進，我愈深刻感受到確實有案例難以適應此療法。

這也是理所當然的，畢竟歐美和日本等亞洲各國相比，在文化、價值觀及思維等方面都有所差異。

真要說的話，西歐思想較為理性且偏向父性。就如同美國前總統歐巴馬所說過的「CHANGE」一般，「務求改變」的想法極為強烈。

另一方面，**東洋較側重於「隨遇而安」的母性思想。某種意義上，東方人**

普遍允許並肯定「撒嬌」這種行為。雖說不能一言以蔽之，不過我認為確實有這樣的傾向。

這幾十年來，亞洲各國——尤其是日本的文化與價值觀變得相當歐美化，生活方式也趨近歐美，這是不爭的事實。然而日本人內心深處還是有著東方人獨有的感受與思維模式，擁有迥異於西歐文化、文明的「東洋價值觀與思想」，這是再自然不過。

精神治療是一項醫治「心靈」的領域，當然不容忽略這點。

就連已經證明其意義和效果的這些西歐療法也認同：配合東洋思想來提供「東方式的客製化療程」是有其必要的。

未來，老子哲學有望成為其中一種治療方式，我是如此認為的。

得意時讀孔子，失意時讀老子

老子所活躍的春秋戰國時代正值亂世，也是各種價值觀與思想百家爭鳴的時代。

此時的代表性思想家，即是孔子和老子。

這兩人的名字雖然很像，不過思維模式可以說是完全相反，甚至有**「順境學儒家，逆境學老莊」**這麼一句話來形容兩人的對比。

首先，「儒家」意指儒教，也就是孔子的教義，而「老莊」意指老子哲學。「老莊」的「老」為老子，而所謂的「莊」，意指同為古代中國思想家的「莊子」。莊子繼承了老子哲學，就廣義而言，要說「老莊＝老子哲學」也無妨。

《論語》記載了孔子的教誨，書中指出在社會上的生存之道，也就是重視禮儀、嚴以律己的思想。

另一方面，老子則站在社會的框架之外，其思維模式更像是在說：「哎呀哎呀，這也沒什麼不好。」

因此，當人生處於順境，氣勢正旺月萬事進展順利的時候，不妨遵從孔子的教誨，嚴以律己；然而當人生走下坡，失意落魄且遭遇瓶頸的時候，就試著依循老子特有的「悠然」與「自由自在」心態吧！

這正是「順境學儒家，逆境學老莊」這句話的真諦。

倘若你現在的人生正處於順境時期，我建議你馬上把本書蓋起來，開始閱讀《論語》。

不過，假使你已經精疲力竭，煩惱著要如何改善當下的境遇並痛苦不已，請務必繼續看下去。

煩惱之人容易陷入的四種內心傾向

說到底，人們究竟會抱持哪些種類的「內心問題」呢？

常見的內心傾向可以分類成以下四種。順帶一提，這也能用來顯示憂鬱症的心理特徵。

❶認為自己很弱＝自卑情結

❷認為自己總在吃虧＝受害者情結

❸認為自己必須完美無缺，卻力不從心＝完美主義

❹堅持按照自己的步調＝執著主義

基於以上要點，我試著用自己的方式統整老子哲學的真諦後，發現一個有趣的現象：老子哲學能夠對應這些內心傾向。

❶自卑情結

「我很弱」「我是個廢人」「別人很厲害，我卻沒有任何長處」……這類型的內心傾向相當常見。自卑情結是一種面向自身內部的情感，不過老子認為：

強者勝、弱者敗——這種想法只不過是鑽牛角尖。

❷受害者情結

「那傢伙既狡詐又精明，所以才占盡好處，我自己卻總是吃虧」——這種受害者情節，則是著眼於自身外部的情緒。有許多人同時擁有❶的自卑情結和❷的受害者情結。對此，老子認為：

不必奢求過多也無妨。

❸ 完美主義

「自己必須是完美的」「一定要這樣做才行」——這種完美主義也是很常見的傾向之一。追求完美並非一定不好，只要這份上進心往對的方向發展，也能夠提升工作的品質。

不過，這樣的心態很容易把自己逼到絕境。就結果而言，這與「自己是個很廢的人」這樣的自卑情結連結在一起也不奇怪。不過老子說：

反正價值只是相對的，不存在絕對的標準。

❹ 執著主義

「執著主義」「堅持主義」這樣的內心傾向與❸的完美主義相當類似，不過還是稍有不同。

由於對自己的想法和價值觀太過固執，無法接受他人或是和自己不同的思維方式，就此變得孤立，出現人際關係上的問題並產生壓力。然而，老子說：

只要順其自然，隨波逐流生活就好。

如果老子還活著，對於上述的內心特性，或許會這麼說。

無論如何，只要知道自己擁有何種內心傾向，就能成為設法因應的一項助力，因此請先記住以上四種類型。

身為精神科醫師，我每天都在面對擁有這四種內心傾向的人，其中不乏狀況極端者。而我透過臨床經驗強烈感受到，對於這些人而言，「老子哲學」具有帶來啟發的潛力，可能成為某種治癒的契機。

所謂老子哲學，就某種意義來說即是「承認弱點的思想」，因此很容易被認為是「允許撒嬌示弱的哲學」，這也是事實。

想要在現今的時代中生存，像老子這樣**「保有退路」**的超然心境，方能成為武器。

在腦中安裝三十二種「零批判」思考模式

本書節錄了老子的三十二句箴言，並同步介紹「零批判」思考模式。

老子言論大多讀來自由、悠然且放鬆，不過由於是古代文言文，有些地方解釋起來會稍嫌困難。

也因為這些箴言並非醫學，身為精神科醫師，我會用自己的方式**「醫譯」而非「意譯」**，賦予個人解讀，這也正是本書的特色。

當你在日常生活中感到憂鬱、焦慮、無力時，為了能夠幫助你馬上回想起老子箴言，我刻意將之簡化為三十二種思考模式。

為此，相對於老子的原文，或許某些部分的解釋會被認為是「超譯」。不過，這都是為了讓大家將老子箴言化為自身的養分，而非當下讀過就算了。不曉得老子會不會責備我這點呢？

不，正因為我覺得老子不會責備，才整理成這樣的形式。

倘若大家也能夠效法老子寬廣的胸襟去理解這點，將是再好不過。

就像昆布高湯，
如果別人嘗了一口後說：
「是昆布的味道呢！」
那可稱不上是
「做得好」。
當別人說出：
「真好吃！」
那才是成功。

自己至今為止究竟完成了些什麼，
又留下了些什麼呢？
只要如此一想，
就會因為自己什麼都沒留下而開始意志消沉。
一把年紀卻一事無成，因而陷入灰暗的情緒中，
認為自己的人生毫無意義。
有些人就會為此感嘆「這輩子毫無作為可言」。
確實，能夠有所成就是件很了不起的事情。我能理解大家為何羨慕那些獲得獎項考績優秀、看似「很厲害」的人。
當同輩人士中有愈多人留下輝煌的功績，自身的無力感也會更強烈。
此時，請試著想想「昆布」。

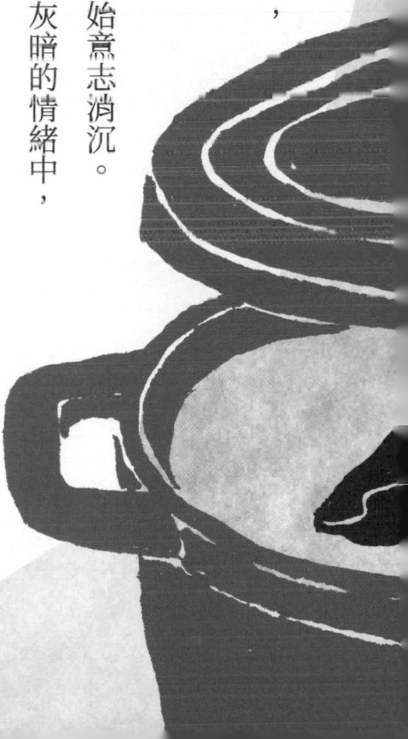

醫譯

所謂真正優秀的生存方式、真正的業績或成就，並非是在自己走過的路上留下具體事物。優秀的生存方式，是回歸無為自然。若企圖留下證明，便是虛假的。

近來，我發現年輕人之間流行「搶功勞」一詞，也就是搶著宣示「那件事都是我的功勞」「我也有參與那件偉大的工作」「某某人之所以改變了，都是我的功勞」。換句話說，這是一種炫耀的表現。

然而，像這樣愛展現自己做了什麼的人，並沒有什麼了不起的。倒不如說，「為了功績而累積善行的人只是虛假的」——老子如是說。

過去，曾有一位昆布職人說過以下這段話。

「當別人說：『這是昆布湯頭呢。』代表手藝還不到家。反之，就算別人沒有察覺到昆布的存在，吃進口中後卻能產生『很好吃』的感受，這才表示自己完成了一項優秀的工作。」

沒錯，就像昆布一樣，真正做了某件有價值的事情的人，並不會一味炫耀。

更極端地說，連「這是某某人完成的工作」這類痕跡都不留下，這才是貨真價實的證明。

仔細想想確實是如此。舉例來說，品嘗美味的味噌湯時，倘若看到昆布不斷冒出來對你說：「這就是我的味道！怎麼樣？好吃吧？」你會怎麼想呢？「這碗湯是昆布的功勞」這樣的想法會變得愈來愈強烈，而單純感到美味的情緒會隨之消失。

不過，昆布是不做這種事的。雖然自己成不了主角，卻會在主角的背後默默襯托，讓主角更美味。不僅如此，昆布還擔任了「存在與否可謂天壤之別」的角色。

此外，我們每天都會走在鋪好的道路上，卻並不曉得道路是誰鋪的。電力和瓦斯也是如此，救助了重要家人的藥物亦然，我們根本不知道開發者的名字。

我們的生活被無數的「無名功績」支撐起來，我認為這才是貨真價實且優秀的英雄。

人類往往會被虛榮心所驅使，不自覺想要展現自我。有句話說「先講先

贏」，擅長表現自己的人總是較為醒目，受人關注。

不過，如果你正在感嘆自己什麼也沒能留下，我認為其實根本沒有必要在意這種事。相較於此，要相信你每天在做的工作鐵定會成為某人的助力，在幾經輾轉之後，將會支持著某人的人生——這才是事實。

只要默默地、悄悄地抬頭挺胸，知道自己確實留下了成果，這樣就行了。

我認為這才是更加高貴、優秀的生存方式。

心之診斷

完全沒有必要感嘆自己什麼都沒留下。真正優秀的生存方式，不會刻意在自己走過的路上留下證明。

魔鏡啊魔鏡，

我可真危險啊。

人類是種容易拘泥於勝負的生物。

「那傢伙創業成功了，是人生勝利組，我卻是人生失敗組。」

「那個人學歷比我高，我輸了。」

確實，在現實社會的框架下，我們的想法經常受到結果左右。有些成果會因為競爭而產生，有時我們也確實會在一決勝負後有所成長，而感到欣慰不已。

然而，倘若把勝敗當作理所當然，就會在競爭意識驅使下不斷與他人交戰，直到心力交瘁。

此時，請大家試著想想鏡子。

醫譯

勝者都是有力量的人。
不過，真正強大的是
「能戰勝自己弱點的人」。

這段話，我希望那些拘泥於勝敗、被競爭意識所束縛的人能夠明白。

不過聽到這段話，或許會有人回應：「大家一起抵達終點的賽跑，不是毫無意義嗎？」

當然，若是喜歡拚勝負的人，只要繼續保持競爭心態就行了。贏了固然開心，即便失敗也會當成是通往下次機會的必經之路而更加努力。我並不是在否定這些人，因為這正是所謂的「順境學儒家，逆境學老莊」。

不過，如果你快要被自卑感壓垮，一味執著於「必須得達到比那傢伙還要高的境界才行」「我就是人生失敗組」，那麼，我希望你謹記這段話。

被你認定為勝利組的人，就是真正的「強大」嗎？難道不是只因為單純有權力、有錢、有人脈、能言善道等表面上的「力量」，才能戰勝他人嗎？

至於你想要達成的目標，真的就是戰勝他人嗎？

遠比戰勝他人還要困難的，其實是戰勝自己。

找出自己的弱點，了解自己身處的狀況並不對此抱持不滿，也不有所欲求——老子認為，能夠達到這樣的境界，才是真正的強大。

應該也有人會心想：「話雖如此，在這個社會上，還是得戰勝他人才能夠跨出第一步。」

然而，在此我想問問各位：「你想活在那樣的世界嗎？」換句話說，你往後也願意生活在那個充滿勝負的競爭世界中嗎？我希望各位能夠試著問問自己這件事。

是否要一輩子活在和他人的競爭中，全憑自己的選擇。

說到底，「勝敗」的概念本身就很模糊，就如同我在後文將提到，老子曾說過，「上下」「高低」「美醜」等價值觀都是相對的。

既然有敗，就會有勝；而既然有勝，就會有敗。那麼，倘若兩者都不存在呢？也不會發生任何事情，就只是自然的狀態，僅此罷了。

因此，在不自覺和他人進行比較，受限於「獲勝」「失敗」概念之前，請大家先拿出鏡子，好好正視自己的臉。映照在鏡子中的並非他人，而是你

自己。如果要戰鬥，那對手就是這個人，也就是你自己。

即便是微不足道的小事也好，每天都要去挑戰一件昨天沒能做到的事情。只要持續嘗試，就會慢慢湧現戰勝自己的感覺，並一點一滴領悟到「真正的強大」。

無論是一流的運動選手還是在商業上獲得實質成功的人，到頭來，達到最高頂點的依舊是戰勝自己的人們。

心之診斷

勝敗的概念本身是很模糊的。不要被這種事物擺布，試著將原本投射於他人身上的視線轉移到自己身上。

心之練習 1 更愛自己一點的鏡子練習

當你在某個瞬間，突然因為太過在意他人而感到焦慮不安時，請刻意起身，去照照鏡子吧。

- 早上在洗手台洗臉的時候。
- 在公司廁所洗手的時候。
- 在化妝室整理儀容的時候。

我們接觸到鏡子的機會意外地多。然而，除非特別中意自己的面貌，不然我們幾乎只將鏡子用在「髮型有沒有亂掉」「口紅有沒有掉色」這種「確認」工作上。

不過，這個練習的目的在於認識鏡中的自己，因此不能只是漫不經心地照鏡子，最重要的是花十秒左右好好凝視自己映照在鏡中的眼睛。

試著在腦中從一默數到十吧。

我們看不到自己的眼睛，他人的雙眼卻能輕易進入我們的視線內。比起自己，我們更常注視他人，因此會在意他人也是理所當然的。

正因如此，要善用鏡子去留意自己的容貌，用物理的方式強烈感受自己的存在。

即便不特意前往有鏡子的地方，只要隨身帶著小鏡子就行了，或是觀察映照在櫥窗中的自己也無妨。

在實踐的過程中，就能夠清楚感受到自己的輪廓。甚至還會自然而然在腦中產生疑問：「以眼前的自己看來，我是否正在實踐真正值得自豪的生活方式呢？」

如此一來，不必勉強自己去想著「不要在意他人」，也能夠自然而然將注意力聚焦於自己身上。

即便周遭變得眼花撩亂，我依然不會改變喔。

光只是靜靜地存在著，就已經很棒了。

有位高中生曾對我訴說以下煩惱。

明明自己拚了命努力，成績卻依然很差，在班上就是個完全不顯眼的邊緣人。

班上的同學們各自組成了小團體開心相處，卻沒有任何人接近自己。

另一方面，A同學長得漂亮，成績又好，非常受歡迎。

人們總是聚集在A同學身邊，她周遭的笑聲從來沒有停過。

當班上要表決事項時，總會不知不覺以A同學為中心，A同學的意見基本上就會是結論。

縱使知道和這樣的A同學相比也沒有意義，但這位高中生總是忍不住討厭起自己，覺得自己很可悲。

如果你也有類似的想法，請試著去想想「銅像」。

醫譯

「美或醜」「正確或不正確」「會不會念書」「地位高低」，都是因為有他人存在才會成立的相對價值，沒什麼大不了。

一旦狀況改變、運氣改變，這些要素也會出現顯著的變化。

古代聖人不會被這些世俗價值觀所束縛，而是刻意讓自己處於「什麼都不做」的狀態。

天下皆知美之為美，斯惡已；皆知善之為善，斯不善已。故有無相生，難易相成，長短相形，高下相傾，音聲相和，前後相隨。是以聖人處無為之事，行不言之教。

「任何事物都是相對的」——這是老子哲學中，最重要的概念之一。

所謂相對，意指在和其他事物的關係與比較中才會成立。換句話說，以前述的案例而言，就好比「A同學擅長念書，既漂亮又受歡迎，相較之下我根本完全不行」這般，透過與他人比較來決定自己的價值。

確實對許多人來說，「會念書」「受歡迎」「工作能力強」「有錢」「社會地位高」當然是「很有價值」的。不過，這些說到底都只是相對的、暫時的概念。事實上，這根本就不是什麼需要大驚小怪的事。

就連在某個小鎮上被稱為是神童的人，一旦去了東京大學或哈佛大學這樣的環境，可能也會成為吊車尾的凡人。

「美女」的標準也會隨著時代和流行而改變，並非絕對、永遠的概念。例如，在日本奈良時代和平安時代，寬臉小嘴才稱得上是美女。就連化妝亦然，既有把臉塗成全白一片才是美的時代，也有推崇把牙齒整個染黑的時代。

說到底，「醜」這個概念就是在世人訂定「美」的準則後才產生的。

舉例來說，如果聽到有人說「紅蘿蔔很長」，你可能會認為：「形狀確實是細長的沒錯啦……」卻很難產生直接聯想。不過，倘若說「和馬鈴薯比起來，紅蘿蔔比較長」，你就會覺得確實如此。無論「長短」「善惡」還是「高低」，都是相互比較後才會顯現的概念。

任何評價、價值，皆會因為自身環境、周圍的人而不斷改變。用相對的方式看待事物，就是如此曖昧又充滿不確定性。正因如此，不必隨著他人評價而喜憂不定，最重要的是「不批判」。

要我說的話，這就是「銅像思考」。

無論是東京上野的西鄉隆盛銅像還是澀谷車站前的忠犬八公銅像，其周遭環境和聚集於此的人們會改變，但銅像是不會改變的，只是莊嚴地佇立於原地。

我所引用的老子箴言後半段，就有提到這麼一句：**「聖人處無為之事」**。

若用直譯去解釋「無為」這個詞，意指「什麼都不做」。不過假使用我的觀點去補充說明，我會認為是「不做任何多餘的事，舉止自然」。

例如，要是因為想要受歡迎，而勉強做出違背自身意志的無謂行動，鐵定會引起反效果。這種時候，請試著對自己說：「要自然，像個銅像一樣。」

這才是無為的境地。宛如銅像一般，僅是保持現狀從容存在著，就結果而言才是帥氣的。

心之診斷

所有價值都是相對的。當你對成功者感到嫉妒、焦慮時，別做多餘的事情，舉止自然即可。

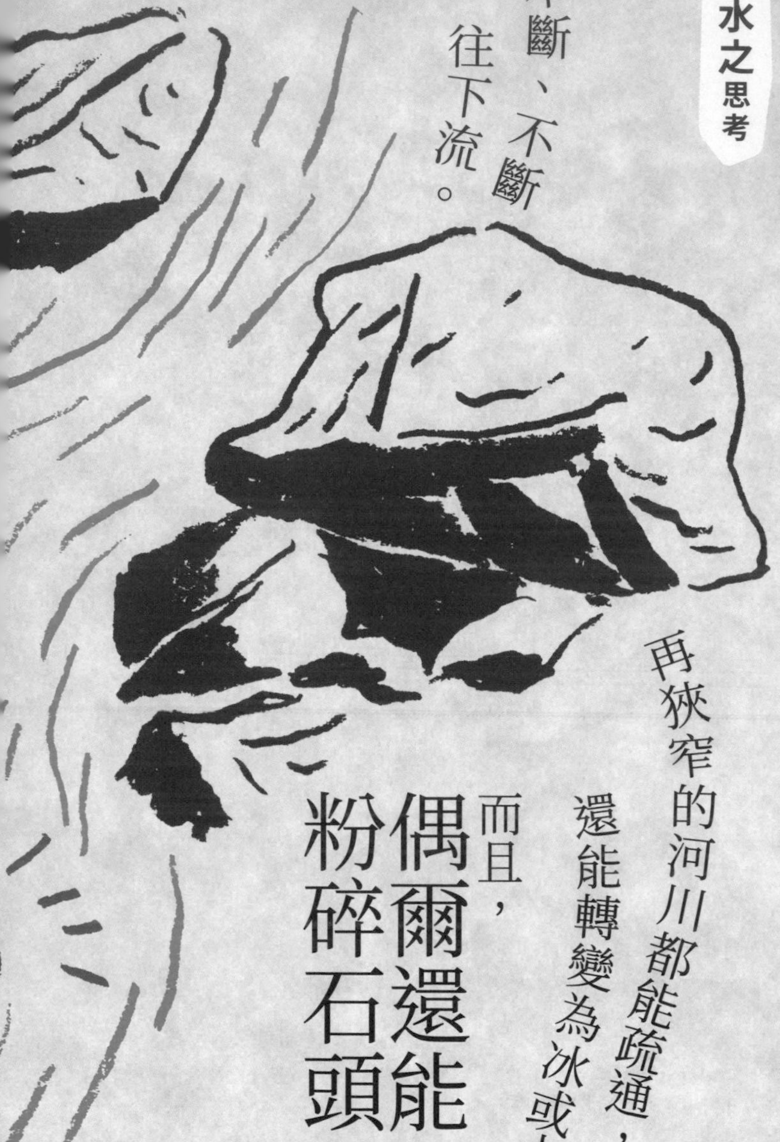

不斷、不斷
往下流。

再狹窄的河川都能疏通，
還能轉變為冰或水蒸氣。
而且，
偶爾還能
粉碎石頭。

想要高薪，想要崇高的地位。
想要過上好生活，想要受人尊敬。
本以為這就是幸福。
不過，事實上卻無法順利如願，
自己永遠都處於最底層，
總覺得自己一直被當成笨蛋、被瞧不起。
我想，應該有很多人覺得自己很弱、
不受周遭好評價、總是在吃虧。
確實，「強者優於弱者」是很普遍的思維模式。
然而，如果說「弱者就是沒用」這個前提，其實只是單純的鑽牛角尖，
那麼我們的思維該如何改變呢？
此時，我建議大家試著去想想「水」。

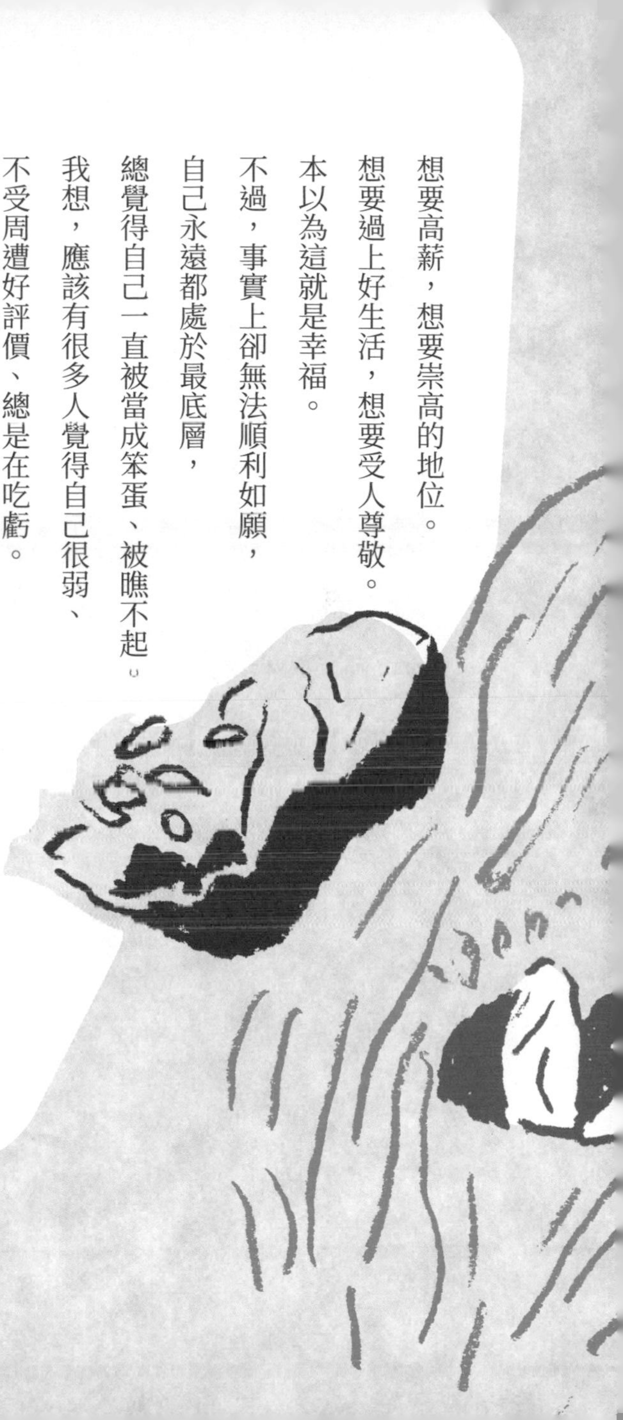

醫譯

水就像最強的存在，能夠流向人們所厭惡的「低處」，並甘願停留於此。
人們都覺得水是弱小的存在，
事實上，水強大到足以粉碎岩石。
雖然與世無爭，
卻能得到最終的勝利。
所以別一味追求變強，
像水那般自願選擇以弱示人，
也是一個方法。

怎樣才是強？怎樣才是弱？

說到底，判斷基準本身就很模糊，不過老子認為「水才是最強的」。「上善」意指比一般的「善」還要再更高等，是老子心目中的最強生存方式，是最為理想的存在。

話雖如此，大多數人都會對此懷疑：「我們平常飲用、洗手的水，明明是這麼弱的東西，怎麼會強大？」

不過，請試著想像看看：水會形成磅礴的瀑布，可以粉碎巨大的岩石；也能夠經過長年累積，靜靜地、不屈不撓地向下滴落，把堅硬的石頭滴穿一個洞。

再者，如果沒了水，所有動物就無法活下去。水給予整個自然界無限恩惠，是不可或缺的存在。

水既是最強的存在，卻也會像水窪那般，默默待在大家敬而遠之、骯髒又低下的場所。水是如此的謙虛。

反之，請想像那些拚命表現自己，炫耀「我很強」「我才是至高存在」的人。就態度而言，他們確實展現出強勢，卻與水的性質完全相反。

假如水是人類，鐵定會斜眼看著這等難看的傢伙，心想：「你想站上比我更高的地位吧？好啦好啦，我懂了，那我就往下流吧。」並自行退讓，自願往低處流。

在必要的時後，水會變成水蒸氣，也會轉變為冰；既能形成四方形，也能化為圓形，懂得隨機應變改變姿態。因此乍看之下，水會被視為缺乏主體性又弱小的存在。

然而，老子留下了這麼一句話：**「天下莫柔弱於水，而攻堅強者莫之能勝，以其無以易之也。」**

此句話的意思是：「這個世界上沒有比水還要更柔弱的存在，然而，若要攻擊堅硬又強韌的事物，卻也沒有什麼可以勝過水。原因在於水的本質絕不會改變。」

正因為水具有柔弱的特質，才能戰勝堅強之物。如此一想，就會發現弱小並不等於「遜」，弱小也可能成為「武器」。

對此，老子還闡述了其他道理，好比「大家都理解弱者能戰勝強者的事實，卻幾乎沒有人能夠實行」。這句話確實是真理，但要實際付諸行動太過困難，因此「弱肉強食」這種簡單明瞭的思維才會滲透進人們腦中。

然而，倘若能夠像水那樣，擁有「自願選擇弱小」這等強大的思維，那麼你的內心就至少不會如過去那般劇烈地起伏不定了。

假使猜拳遊戲中也有「水」的存在，我想它鐵定不會輸給剪刀、石頭以及布。

心之診斷

不要感嘆自己的弱小，而是要自願選擇示弱。
像水那樣柔弱，才是最強的存在。

心之練習 2 擺脫鑽牛角尖心態的水之練習

當內心陷入混亂、搖擺不定時，只要去河邊或海邊眺望水的流向、波浪的起伏，心情就會煥然一新。水有著療癒人心的力量。

水能夠柔軟地改變形狀，對任何事情都不會有所抵抗，儘管如此，它卻是生命的泉源，讓人感受到活著的能量，簡直是最強的存在。

一邊眺望著這樣的水，一邊回想起老子所說的「水之思考」，是個有效轉換心情的好方法。

即便如此，相信不少人難以隨時前往水邊。

對於這樣的人，我建議在日常生活中「刻意感受水的存在」。

例如在洗澡的時候，不妨把蓮蓬頭的水力轉到最強，讓浴缸的水面濺起波紋。接著，在水面上合起手掌並上下浮沉，感受表面張力。

或是在早上起床喝水時，試著體會清涼水流沿著喉嚨到食道，再流進胃裡的感受。

此外，在公司廁所之類的地方洗手時，可以試著比平常花多一點時間接觸水。除了手掌以外，也試著讓水柱流淌于背。用雙手撈起水，仔細體會其觸感。

光是如此，就能夠發現平常視為理所當然的水，其實是既尊貴又獨一無二、非常了不起的存在。漸漸地，你將能放下自己原本各種鑽牛角尖的念頭。

只要透過肌膚感受水的觸感，一邊心想：「最近我好像都忘記『水之思考』了呢！」「是時候好好思考老子的名言了。」這樣就夠了。

無須前往瀑布修行，從日常中感受水的存在，就能讓身心回歸與之相近的清爽感。

05 感到憤怒時，試試

湯匙思考

若覺得煩躁，
就拿出湯匙吧。
放下叉子和刀子，
把惹你不爽的人

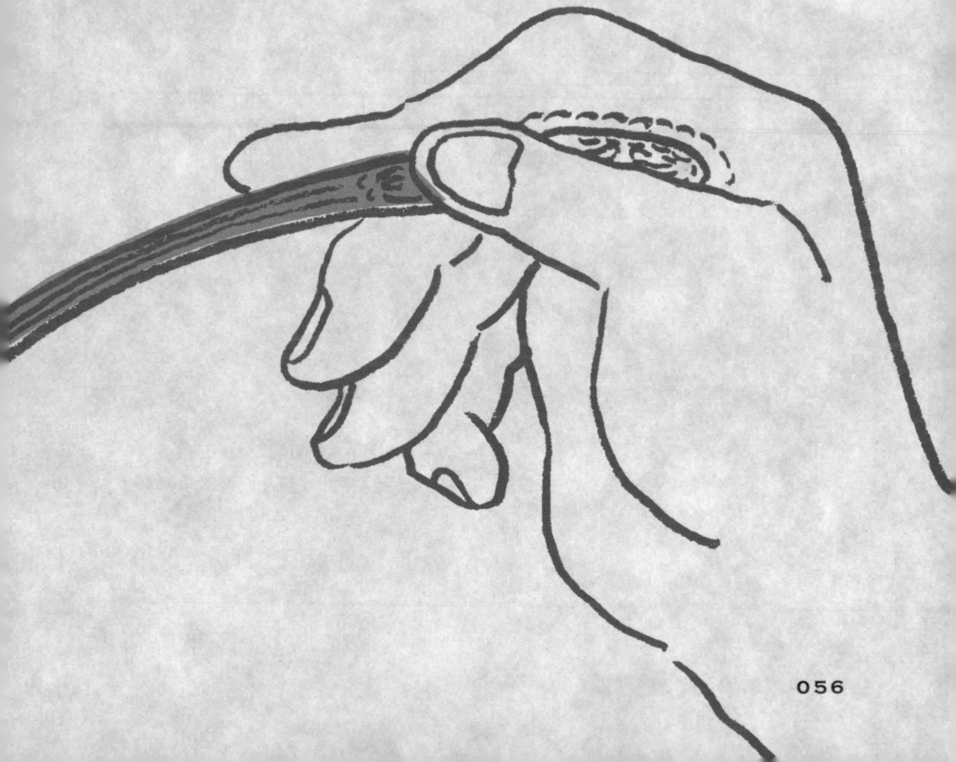

整個捧起來！

該怎麼面對「憤怒」這樣的情緒呢？

這是近來特別受到矚目的議題。

我們愈來愈常聽到「憤怒管理」（Anger Management）這個詞，甚至有不少人會去參加這類議題的研討會和工作坊。

在診療室裡，也有許多人會坦然說出關於憤怒的煩惱，好比「總是不自覺感到憤怒，然後和對方大吵一架」「總是覺得心裡不舒坦，甚至憎恨對方」。

只要是人，就會產生憤怒的情緒。如何控制憤怒，或許是個永遠的課題。

此時，請大家試著想想「湯匙」。

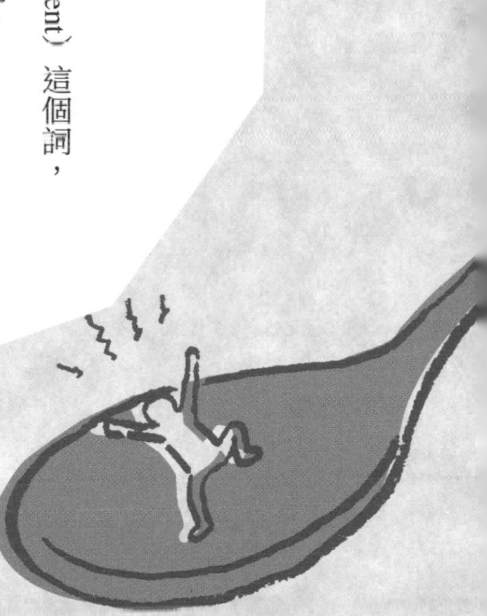

醫譯

優秀的戰士和謀略家
是不粗暴的。
他們不會對對方感到憤怒，
也不爭論，
卻總是獲勝的那一方。

善戰者，不怒。
善勝敵者，不與。

無論是工作還是私生活，倘若事情不像自己所想的那樣發展，理所當然會感到焦躁或憤怒。

正因為是人類，難免會有「忍不住生氣」的情緒，不過，我希望大家務必客觀地分析「憤怒究竟有什麼好處」「發脾氣後是否真能確保一切順利」。

回顧過去的經驗會發現，因發怒而解決問題本質的案例其實很少。就好比高聲喝斥，或許周遭的人們會因此暫且聽自己的話。若身為職場上的領導者，因為有職務在身，人們就更會聽從這些話。

然而，以長遠來看，這麼做會失去他人的信任，和大家之間的距離（無論是物理還是心理）也會愈來愈遠。

更有甚者，以領導者的立場來說，利用憤怒來讓他人聽從自己的管理方式，是不可能讓下屬真心付出全力的。

即便是朋友間的對等關係，也很少會因為向對方發火而讓事情變順利。

如果自己心情因此舒爽也就罷了，但大多數情況下連發怒者也會感到後悔：「好像說得太過分了……」「心情反而變差了。」

那麼，當憤怒湧上心頭時，應該如何思考才好呢？

此時就要轉換成「湯匙思考」。

刀子是用來使勁穿刺、切碎食物的餐具，也就是直接回擊，使對方受到傷害的反應方式；叉子則像是運用尖端連續扎刺對手的方法。

另一方面，湯匙給人的印象是溫柔地捧起對方。

「怎麼可能溫柔對待惹我生氣的人啊！」或許有人會這麼想。不過，此處所指的並不是單純的溫柔，而是成為比對方更巨大的存在，讓對方坐在自己的湯匙上。換言之，更像是玩弄對方於股掌間。

大家可能會覺得這樣的思考方式有點壞，然而，比起用刀子直接且迅速刺向對方，這個處理方式成熟得多。對於喜歡用「勝敗」來思考評斷的人來說，這樣的方法不是更像勝者的舉止嗎？

試著冷靜、客觀地思考，就會明白「展現憤怒」並不會是個好方法，這點你自己應該也很清楚。

就像老子所說，愈優秀的策略家，愈不會胡亂展現憤怒。理由很簡單，因為他們很清楚「這不會有什麼好處」。

心之診斷

即便宣洩憤怒，也不會帶來任何好事。
放寬心胸並不是為了對方，而是為了讓自己安穩下來。

心之練習 3　幫助你控制焦慮的湯匙練習

憤怒屬於一瞬間的情緒。

因此，感到焦慮時總會不經意就情緒激昂起來，之後陷入後悔。為了避免事態發展至此，不妨先練習如何控制憤怒吧。

當感到焦慮、煩躁時，請試著實際把刀子、叉子和湯匙放在桌上。

首先拿起刀子，想像：「什麼樣的說話方式和行為，會像刀子一樣直接穿刺對方呢？」

想像完之後，把刀子放下，接著拿起叉子。

這回，去想像：「這種說話方式和行為，就像是用叉子扎刺吧？」

最後，請拿起湯匙，想像：「倘若要溫柔地把對方捧起來，該使用什麼樣的說法，什麼樣的做法呢？」

在思考的當下，你的憤怒和焦慮幾乎已經消失了。

若覺得要一一拿出三種餐具很麻煩，只拿出湯匙也無妨。舉例來說，你可以試著在下次吃咖哩飯的時候嘗試看看。

只要像這樣實際用餐具去思考，就能夠客觀地觀察自己的內心，是藉此控制情緒的最理想方法。

下次遇到「憤怒」的情境時，請試著在腦海中想像湯匙。就如同第五十六頁的圖畫一般，用大湯匙將對方整個捧起來，讓渺小的對方在凹處滾來滾去。

使用這樣的思考方式後，相信你也不再有生氣的動力了。

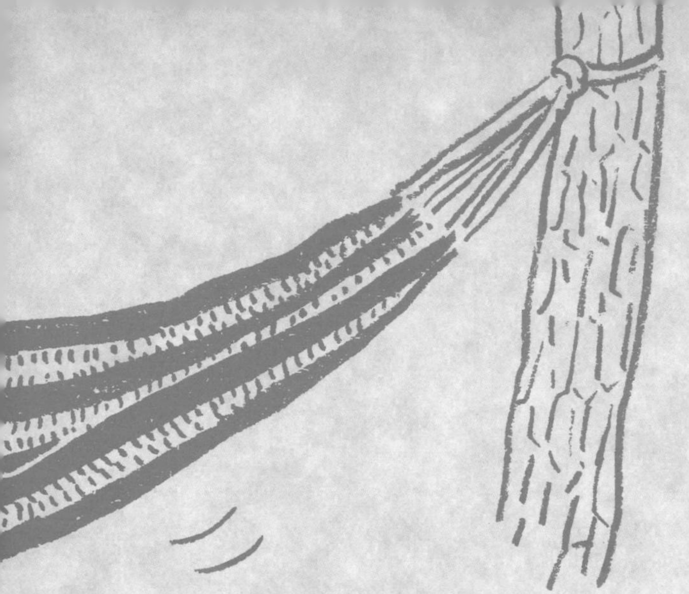

吊床思考

比起焦慮地想：「必須做些什麼才行！」還不如下定決心：「什麼都不做」。

在無精打采的時候，很容易產生「一整天什麼都不想做」的想法。

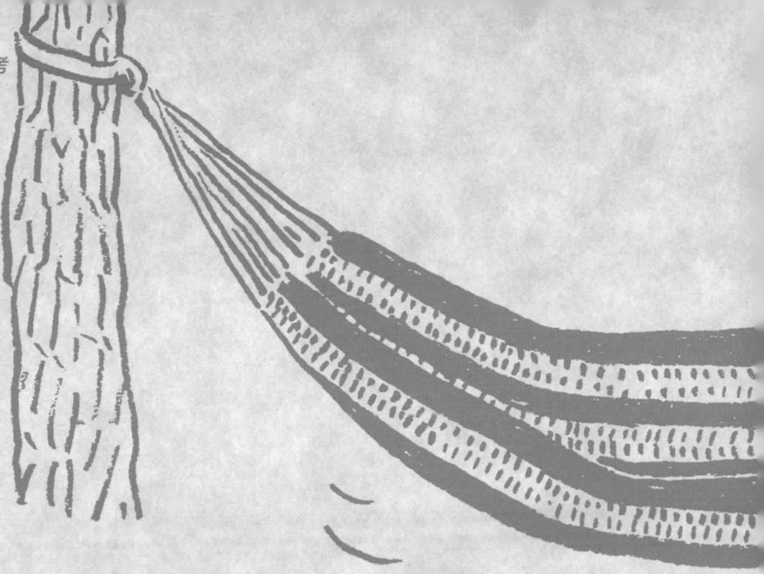

有人會因為精神上太過疲累而向公司或學校請假，更有不少人平日辛苦工作，一到假日就盡情耍廢，結果什麼事情都沒做，周末就結束了。

這種「沒有幹勁做任何事」的時期一旦持續下去，人們就會不自覺感到焦慮：「在我休息的期間，會不會落後他人？」「必須要再次卯足幹勁才行！」

此時，請人家試著想想「吊床」。

醫譯

別做任何多餘的事，
也別焦慮，
只需要單純品味
「乏味的生活」。

一開啟電視和手機，看到許多人努力工作的相關資訊如雪片般飛來，我們便會不自覺產生罪惡感：「我今天也什麼事都沒做就結束了……」並想著「必須做些什麼才行」。

然而，以老子的角度看來，其實這樣也沒關係。過著什麼都不做的生活，也是一件有意義的事。

人生會遇上精神飽滿的時期，也會有能量低落的時期。

畢竟，我們可能只因為別人說了某些話就失去能量，即便慌張、掙扎也無濟於事。縱使硬要做些什麼，大多數情況下也得不出像樣的成果。

此時就別焦慮自己什麼都沒做，試著去想想「我正在做『什麼都沒做』這件事」吧。

就算一整天只是睡睡醒醒，偶爾吃個東西，但這也無所謂，要看電視、玩遊戲當然也無妨，單純放空也沒問題，試著散步閒晃也好。

例如無論是手機或藍芽耳機，只要電力耗盡就只能接上充電線、靜靜等待。

在充電的過程中，沒辦法把手機帶到外面去。當然，我們還是可以在有限的範圍內寄信或聽音樂，不過，若在「必須動起來才行」的心理壓力下硬是不充電就出門的話，會變得怎麼樣呢？結果就是讓電池耗盡，反而什麼都做不了。

因此，我們勢必得默默等待能量儲存完畢。像這樣需要充電的時期總會定期造訪，正適合練習「什麼都不做」。

「話雖如此，還是會忍不住焦慮！」如果你有這樣的念頭，就試著想像「現在自己只是暫時躺在吊床上小憩而已」吧。想像自己在晴朗的日子吹著微風，躺在搖曳的吊床上。

有別於在被窩中陷入深層睡眠，我們只會在吊床稍微午睡，隨時都能夠輕鬆爬起身。休息夠了，就能輕易地再次動起來。

躺在吊床上什麼也不做，度過一段悠哉閒適的時光，就能自然而然充飽能量。

每到冬天，樹木什麼也不會做，也不發芽，只是靜靜站在那兒。不過，一旦季節改變，又會再次萌生綠油油的嫩葉，綻放花朵。

人類也屬於大自然的一部分，只要順其自然活著就好。我認為，這正是老子所要教導我們的道理。

心之診斷

沒有動力做任何事的時候，別焦急，也別逼迫自己「必須想想辦法」，單純什麼都不做也沒關係。

07 對他人的炫耀感到厭煩時，試試

樹獺思考

那個人又在逞強了。
那個人又在吹噓了。

你身邊鐵定也有一兩個「驕傲到讓人厭煩」的人吧。

前來造訪診療室的患者中，

許多人表示再也無法忍受同事的自我推銷和傲慢。

「那位常常上電視的某評論家，是我朋友喔！」

「我真的超受異性歡迎！」

啊不就好棒棒～

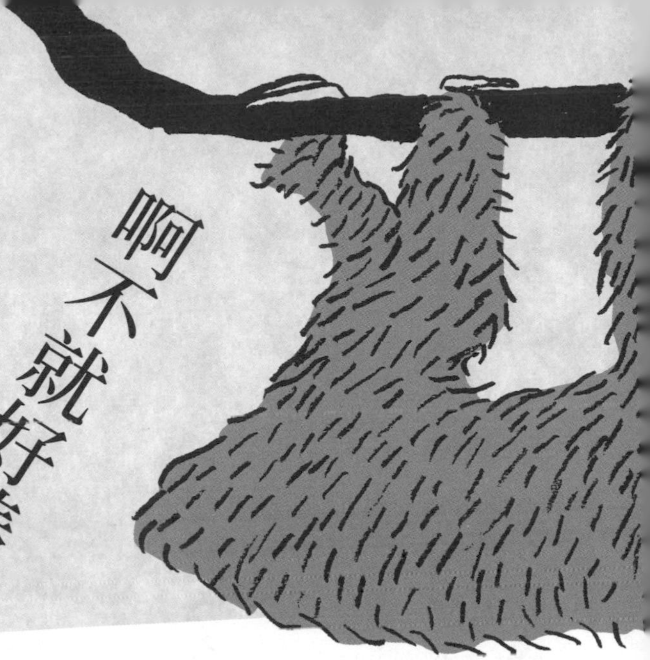

「我究竟有多麼受大家仰慕、被大家所需要呢？」

喋喋不休炫耀個不停的人，確實讓人煩悶。

而且，這類人總會意外地出人頭地，

令人無法忍受。

明明只要無視他們就好，

但人性就是會因此深受影響、感到煩躁。

此時，請大家試著學學「樹獺」。

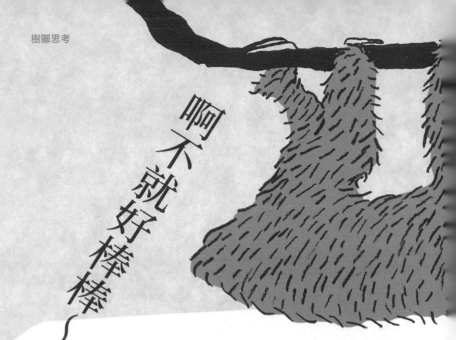

醫譯

即便墊起腳尖、挺直背脊，
也無法長時間站穩；
即便拚命跨大步走路，
也沒辦法走遠。
一味展現自己才能的人，
反而不會受歡迎；
主張「自己才是正確」的人，
反而會被他人當成是不正確的；
愛炫耀的人並不會順遂。

企者不立；跨者不行；
自見者不明；自是者不彰；
自伐者無功；自矜者不長。

愈缺乏真正實力和自信的人，愈渴望展現自己很厲害，這樣的現象屢見不鮮。

周遭的人往往也會客套地配合他們：「好厲害！」「真不愧是某某某！」不過那個人的本質最終還是會在某個地方露餡。

即便炫耀能夠奏效，使其獲得很高的評價，但那也只是一時的，假面具遲早會被拆穿。

正如老子所說：「人無法一直墊腳站著。」

若看見那些愛炫耀且傲慢的人，不妨想想：「那傢伙又在努力墊腳站著了。」「那麼逞強地跨大步走路，究竟能撐到什麼時候呢？」冷眼無視就好。

遇見愛炫耀的人，正是時候採取「樹獺」的輕鬆態度，按照自己的步調行動。

樹獺是我行我素的代表，活動量極低，幾乎都在樹上悠閒地過生活，食量也非常小。牠們會吃葉子和樹芽，據說一天只需要八公克左右的食物就能活下去了。

樹獺平時幾乎動也不動，毫不起眼。正因如此，牠們難以被天敵發現，也不容易餓死，得以在嚴峻的自然界生存。

既有舉止浮誇，到處展現自己事蹟的生活方式，也有像樹獺那樣「只是活著，幾乎什麼都不做」的人生。

不去評斷哪個好、哪個壞，這才是所謂的零批判。

在真正意義上過著幸福人生的人，正是清楚自己步調的人。

即便樹獺想用和獵豹同樣的速度移動，在物理上也是不可能的。反過來說，假使獵豹想要「不醒目」或是「更悠閒生活」，也很難做到。這是因為牠們各自為了在各自的環境中生存下來，不斷進化後才變成了現在的模樣。

無論是何種動物，都有自己的步調。你當然也有你的步調，有適合你的生存方式。

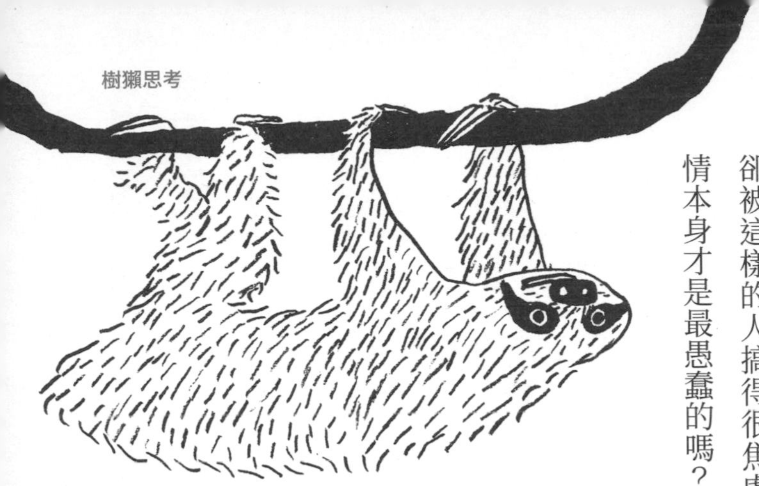

有些人只不過是稍微達成一點成績就拚命炫耀，而你卻被這樣的人搞得很焦慮，甚至感到壓力，不覺得這件事情本身才是最愚蠢的嗎？

心之診斷

愈沒有自信和實力的人，愈想要展現自己。但是一味逞強，最終形同自行走向毀滅。

即便什麼都沒能達成，
「不停歇」這件事本身
就很有價值。

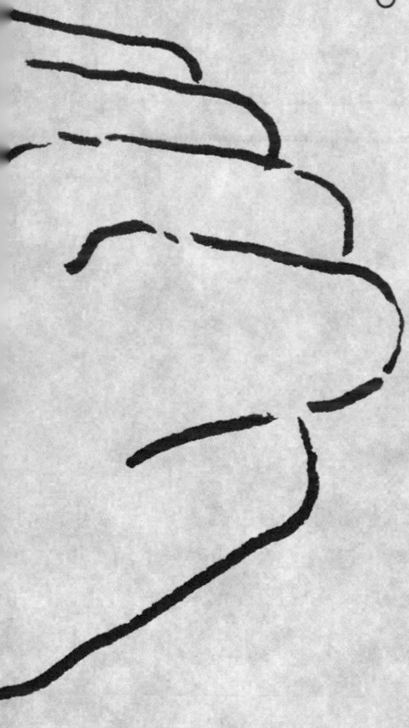

現代是競爭社會，
人們都很重視結果。
無論多麼努力，
只要努力沒能具現，
就很難獲得好評。
在這般競爭社會與結果主義的世道之中，
我們時常會看到很多人這樣否定自己：
「我完全拿不出成果……」
「明明盡己所能了，這樣的我卻沒有任何價值。」
我理解「努力卻得不出成果」的痛苦。
此時，請大家試著去想想「時鐘」。

醫譯

訂定目標並為此努力，
這件事情本身就很重要。
持續努力的人，
光這麼做就已經達成了目的。

強行者有志。

光只是努力，其實就已經達成目的。

聽了這樣的話，或許有人會反駁：「只要努力，結果怎麼樣都無所謂嗎？」「光講好聽話！」

當然是這樣沒錯。

確實，結果和成果是不可或缺的。就連企業也是一樣，正因為獲得實績和利益，才能支付員工的薪水，得以建構穩定的社會。

話雖如此，以現實問題來說，努力並不一定會產生結果。關於這點，我會在本書的第一百八十六頁開始談論「正確的因果關係並非永遠成立」。

再者，「付出努力」和「產生結果」之間的時差也因人而異，懂得掌握努力方向的人，或許只要付出小小的努力就能馬上得出成果；卻也有人在「努力→結果」的過程中耗費大量時間，你可能也是其中一人。

然而，這也是無可奈何的。既然有需要花時間進行的計畫，那麼當然也會有為此花費時間的人，這是再自然不過的了——老子如此闡述。

在此我想要詢問大家：努力的意義和目的究竟是什麼？

你現在手邊有時鐘嗎？如果有，請確認一下時間。接著，等過了一小段時間後再去確認一次現在幾點。

雖然這是件再自然不過的事，不過我希望你能夠再次體會：時鐘永遠都在走動。

為了讓我們知道時間，時鐘從不停歇，一步一步刻畫著時間。然而，時鐘本身並沒有所謂的「達成目標」，持續運作即為其目的。

傳說級的前NBA球員麥可・喬登曾說過：「只要傾注所有心力，得勝與否都不是問題。」我會這麼解讀這句話：只要傾注了一切，便能夠對那樣的自己感到驕傲。只要能夠稍微多喜歡自己一點，或是讓自己產生些微成長，就已經具有為此充分努力的價值了。

縱使沒能得出成果，也不妨這麼思考：「持續努力，就已經很了不起了」。

閱讀到這裡，或許有人會認為這樣的想法太過天真。當然，我不會說老子的思想全都是正確的，不過這句話既然能夠流傳兩千五百年以上，而未消逝於歷史的洪流中，就代表這並不只是無憑無據的「空話」。

這句話花了好幾個世紀，輾轉走過全世界無數人心，現在終於傳達給你。當然，你可以選擇排斥這樣的想法，但也可以選擇接納，怎樣都好。

心之診斷

沒必要執著於得到結果。「持續努力」本身，就已經充分達成了目標。

就算沒人在看
也沒關係，
接下來，
我也會
繼續做自己。

任何組織、團體中，都存在著「暗自努力」的人。
他們會默默進行大家討厭的工作，即使沒有受到任何人請託，
也會幫忙打掃辦公室，並自願接洽麻煩的客戶。
然而，要說這些默默的努力與貢獻一定會得到好評、有所回報的話，
倒也未必。明明總是在做正確的事情，卻沒有任何人給予好評。
別說認不認同了，根本就沒有人注意到自己。
造訪診療室的患者中，很多人會因為這類理由，
向我吐露心情：「誰都不把我當一回事……」「我是孤獨的存在。」
此時，請大家試著去想想「太陽」。

醫譯

為了逮捕惡人
而布下的天網，
乍看之下很粗糙，
事實上卻不會
讓任何人逃掉。

光只看這句話，大家可能會不明所以。換個大家比較熟悉的說法，就好比「舉頭三尺有神明」。

正如老子所言，人做的壞事，老天爺都在看；反過來說，在誰都看不見的地方默默行善，老天爺也是看在眼裡的。

或許會覺得這句話實在太老套，甚至有些不合時宜，不過，我認為這句話蘊含了非常重要的哲學思想。

例如，若總是做著大家所嫌惡的工作，亦或是在沒人發現的地方為了大家盡心盡力，難免會不滿：「為什麼總是只有我在做這樣的事？」「是不是只有我在吃虧？」

當然，這些人一開始也並不是為了得到好評才有所行動，最初都是出於自願。

不過，畢竟人性就是一旦付出努力，自然會希望被認同、被讚美，這是人之常情。

不過，請試著想想看：

默默撿垃圾、擦桌子，或是雖然被家人視為理所當然，依然每天絞盡腦汁煮飯、掃地。

只因為這些日常努力沒有被任何人注意到，你就不做了嗎？若不做了，心情就會舒爽了嗎？

我想恐怕是不會的。你無意停止默默行善暗地裡貢獻，這些行為也並非出自於狡猾的裝模作樣。

為什麼會這麼想呢？或許是因為，所謂「老天爺」並不是別人，而正是「你自己」。

因此，倘若你對自己說謊，勉強去做違背自己心意的舉動，注視著自身行為的你，想必就會討厭起自己。

我相信你只是單純地想成為自己喜歡的自己。

或許哪一天會被他人注意到，也或許在完全不同的場合中，會出現留意到你內心之美的人。

當然，我無意要求你去期待這樣的日子，我只是如此解釋老子的言論。

心之診斷

別一味感嘆自己的努力沒能傳達出去，你不就每天在看著自己嗎？

或許我們看似笨重，
無法像跑車一樣帥氣。
不過，能夠在
凹凸不平的路上
輕快奔馳的，
非我莫屬。

自己嘴笨，總是吃虧。
明明都一把歲數了，
想說的話卻沒能傳達出去，實在可悲。
很羨慕那些聰明又手腕靈巧，
善於周旋於他人之間的人。
是不是有很多人有這樣的想法呢？
確實，聰明又能言善道的人，
很容易被評價為「能幹的人」。
他們也經常被委任重要的工作，受到他人信賴。
話雖如此，明明自己在會議或提案前已做好充分準備，
最重要的「表達方式」卻一塌糊塗，完全得不到好評，令人著急。
此時，請大家試著去想想「卡車」。

醫譯

真正能幹者看起來很笨拙，
真正雄辯者看起來不善言辭。

這是非常有老子風格的逆向發想：真正能幹、有價值、有內涵的人，實際上看起來都是很笨拙的。

很多時候，耍小聰明、靠一張嘴而過關斬將的人，事實上沒什麼了不起。你的周遭也有只擅長耍嘴皮子，卻毫無實力的人吧？

這種「只有嘴巴很厲害」的人竟然受到好評，實在太不合理了……我理解這樣的心情，會感到鬱悶也是情有可原的。

不過，這個社會並沒有這麼好混，這類人也不可能永遠都過得如此順遂。

倒不如說，真正優秀的善辯者不會說些無謂的話，而是在仔細思考後尋找更恰當的言論，故他人看來會覺得不善言辭。

即便如此，只要沒能將想法表達給他人就毫無意義，這點我也理解。不過，表達其實是一種技巧，只要反覆學習並加以實踐，一步一步來，就可以優化表達方式。

因此，習慣深思熟慮、斟字酌句的人，一旦學會表達的技巧，將會成為最強的的存在，散發出和光會耍嘴皮子的人截然不同的魅力。

舉例來說，聰明又能言善道的人就好比跑車，能夠以極快速度奔馳於平坦的馬路上。乍看之下很酷，路人都會紛紛投以羨慕的眼神並讚美：「好帥！」

然而，在實際職場與日常生活中，我們會遇上的可不是只有柏油路，人生充滿許多凹凸不平的道路。

光想像跑車遭遇到滿是碎石、凹凸不平路徑的畫面，就覺得沒有什麼比這還更空虛又可悲的了。

此外，當遇上搬家這種必須搬運大量行李的情況時，跑車可就完全派不上用場了。到頭來，能夠戰勝所有狀況、安心抵達終點的，終究還是卡車。即便花費的時間較長，外觀也不太時髦，但卡車還是更加可靠。

當跑車輕快地奔馳在柏油路上時，姑且就任其盡情衝刺吧。假使沒有真正的實力，再怎麼光鮮亮麗也總有一天會被拆穿。

根據狀況的不同，也會需要不同的車種。總有一天，一定會有需要你發揮能力與經驗的時刻。內向者即便外表看似樸素，卻能夠以沉穩和緩的方式贏得信賴，逐步增加存在感。在那之前，只要好好深化自己的思維，踏實地學習表達技巧就行了。

心之診斷

光會耍小聰明、長袖善舞的人，其實沒什麼了不起。真正聰明的人往往深藏不露，甚至看起來意外地笨拙。

⑪遲遲無法進步
而感到著急時，試試

地球思考

真正
偉大的事物，
本來就沒有
完成
的那一天。

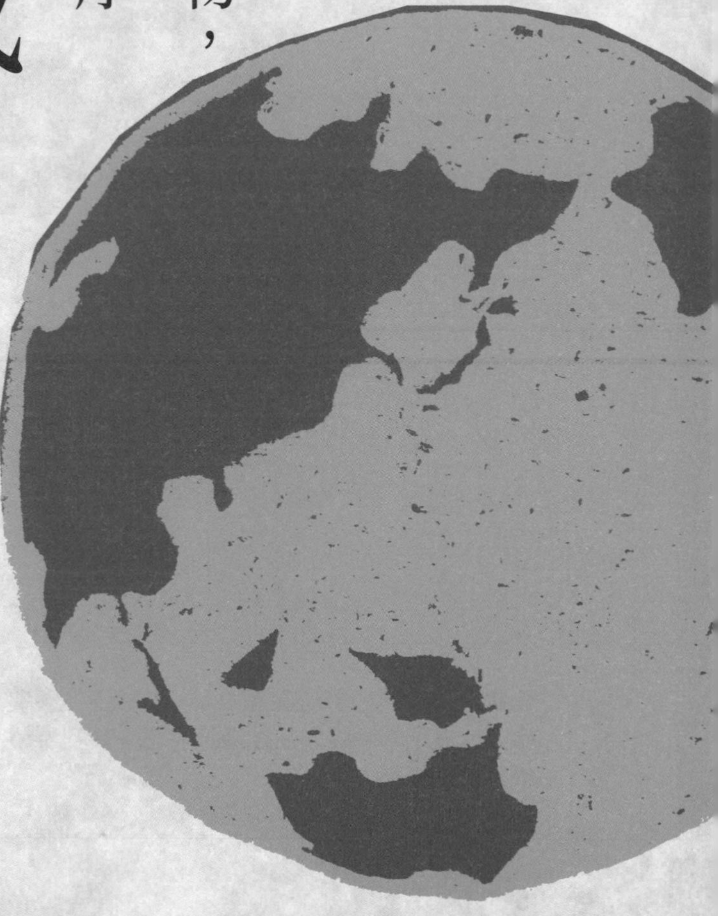

每當看見年輕有為的運動選手或藝人，
我們就會憧憬不已：「好厲害！」「好帥啊！」
職場或有共同興趣的社群亦然，
我們很容易有所感觸：
「這位後輩明明還很年輕，卻這麼聰明，真羨慕。」
「我在同樣歲數時，心思可沒有這麼細膩。」
此外，儘管自己已做出理應可以受到好評的成績，
人們卻不太認可自己。
有時我們會為此焦慮不已，慢慢失去幹勁。
此時，請大家試著去想想「地球」。

醫譯

當四邊形愈變愈大時，
就愈來愈感受不到其大小，
無從得知何處才是稜角。
真正成就偉大事物的人，
也不求非得要見證「完成」不可。

我想很多人都知道「大器晚成」這個詞，事實上，這也是出自於老子思想。

在當今習慣以速度拚勝負的世界，一切講求「如何盡快做出成果」「如何盡快成功」。

正因為是這樣的世道，我們自然會羨慕那些比我們「快」又「年輕」就取得成功的人。

確實，速度是很重要的。

然而另一方面，也有很多研究工作必須踏實鑽研；很多企畫專案必須付出漫長時間才得以達成。人的一生也是如此。

有人年輕時就能發揮優秀的能力並得到認可，在二、三十歲時就賺大錢；也有人隨著年齡增長才逐漸被發掘其真正價值，完成偉大的工作。

好比音樂家貝多芬在四十八歲左右時幾乎失去聽覺，卻在那之後才留下真正的名作。

我們必須理解，每個人得出成果的時機是不同的。

此外，我此處所提到的「大器晚成」定義，有別於一般認知的「偉大的人才往往成就較晚」。我想提出一個稍微不同的理解方式。

那就是：真正偉大的事物，本來就不會有完成的那一天。

這是個相當詩意且有些深奧的解釋。

生活在現代，我們總是輕易受到「眼睛可見的結果」「成果」「成功」這種「完成品」左右，然而對我們而言，真正重要的成功並非「眼睛可見的形態」，而更接近佛教所說的「頓悟境地」。

以大家廣泛使用的網路詞典「維基百科」為例，其基本概念是任何人都能改寫內文，因此這部詞典「永遠不會完成」。「維基百科」的價值正在於此，而且這份價值將會永遠存在。

無論是我們生活的地球，或是更浩瀚的宇宙，都絕對沒有完成之時，而是持續變化。說到底，我們自己就是「未完成的地球」的一部分。如此一想，「達成」「完成」這些概念不過是人類擅自的執念罷了。

宮澤賢治在其著作《農民藝術概論綱要》當中，就留下了「永久的未完成即是完成」這句話。

真正偉大的事物是不會完成的。

就某種意義而言，若要將這句話形容為老子的厭世觀，似乎也沒什麼不對，不過我個人很喜歡這個解釋。

心之診斷

真正偉大的事物是絕對不會完成的。我們真能夠斬釘截鐵斷定「那個人已經完全達成了某件事情」嗎？

⑫嫉妒他人的成就時，試試

只要舒服就好。

出席同學會時，
發現大家個個出人頭地，
成為「某某部長」「某某課長」
等管理職，反觀自己始終只是一般職員。
自己是最卑微的存在，
好可悲……
我常常會聽見這樣的煩惱。

反正，人們都會聚集來我這裡嘛。

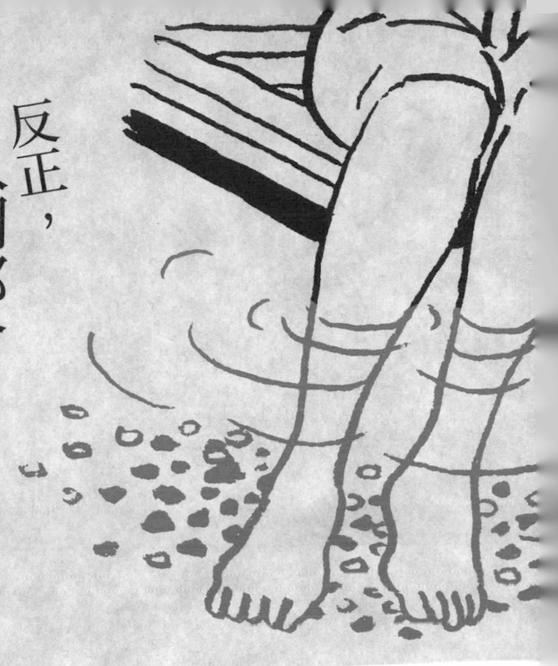

確實，倘若同齡友人率先出人頭地，
我們往往會感到焦慮、嫉妒，
甚至覺得自己很可悲。
此外，看到那些獨自創立自己的公司、
率領一支運動隊伍等
立足於頂尖位置的活躍人士，
也會不禁覺得「自己真是沒救了」。
此時，請大家試著轉換成「足湯」思考。

醫譯

大海之所以能匯集
好幾條河川與溪谷之水，
是因為處於最低處。
一旦處於高處，
人們就無法安心。
正因為處於低處，
內心才不會飽受干擾，獲得安穩。

江海所以能為百谷王者，
以其善下之，
故能為百谷王。

每個人都想要發揮自己的優秀之處，得到比他人更高的地位、更高的評價，這就是人性。

然而，位居高處者真的就比較厲害，處於底層者真的就很糟糕嗎？一旦被視為「底層階級」，真的就不具任何價值嗎？

我並不這麼認為。

事實上，比起「偉大」「厲害」的人，大多數人會覺得，能夠輕鬆、自在相處的人更加有魅力，相信你也是這麼想。

若處於必須不斷讚揚他人「您真優秀」「您太棒了」的立場，就得一直維持抬頭的姿勢，不僅脖子累，肩膀也會疫。誰會想要特地待在這般讓人疲累的人身邊呢？

此時，我腦中浮現了「足湯」思考。

水本來就會蓄積在低處，而所謂的足湯，其實不過就是匯集於低處的溫泉，因此不會特別受到讚賞、推崇。

不過，人們會為了尋求安心與療癒而聚集於此，寒冷難耐的冬天時更是如此。足湯總是熱情地招呼著「請坐請坐」，讓聚集在此的人們身心都暖和起來。

這是多麼讓人舒服的存在。

認知到自己的地位比別人更高，是一件很可怕的事。一旦過度仰賴頭銜這種充滿不確定性的事物，當遭受剝奪時，便會陷入「自己不再是自己」的絕望感。

此外，我們會時時刻刻擔心地位是否受到威脅，無法坦然自在地生活。

相對之下，假使自己處於低處，光是這一點就具有讓人安心的價值。若是如此，你的謙虛將可能獲得信賴、備受歡迎，進而吸引他人「希望你成為領導者」「成為整合眾人的團體核心」等期望。

這樣的思維方式或許有點強人所難，不過比起辛苦地爬到高處，倒不如靜靜等待一展長才的機會，這樣想必更能讓人保持泰然自若。

老子還有「不敢為天下先，故能成器長」這麼一句箴言，意指「正因為不站在他人前頭，才能成為領導人」。

武田信玄、明智光秀、織田信長、豐臣秀吉等戰國時代武將，在經歷激烈戰鬥後得以立足於他人之上，然而最終卻是由徹底貫徹「等待」的德川家康平定天下，長年統治盛世。

孜孜不倦地往上爬，確實也是一種生存方式。不過能夠深受他人持續愛戴的，或許反而是可溫暖他人、穩妥地悠晃於在低處，宛如足湯般存在的人。

心之診斷

別因為他人地位崇高而心生焦慮、羨慕。就真正意義上來說，能讓人安心、感到療癒的人，往往身在「低處」而非「高處」。

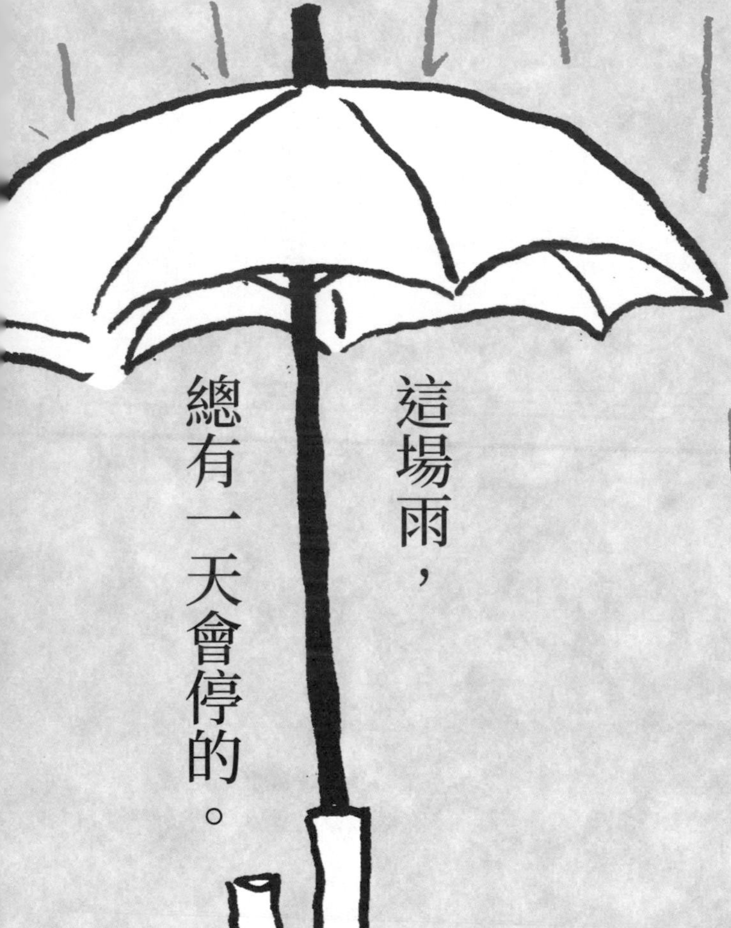

這場雨，
總有一天會停的。

在學校交不到朋友。

在職場上遇到討厭的上司，頻頻被惡意針對。

這種慘烈的境遇，究竟要持續到何時？

我時常會聽見這樣的煩惱。

每個人多少都會遇到辛苦的情況，倘若這樣的情況持續不斷，就會加劇內心的負荷。

比起直接面對苦難本身，「不曉得苦難何時才會結束」這種看不見未來的不安與絕望感，才更讓人痛苦。

此時，請大家試著變成一把「雨傘」。

醫譯

大自然會用我們無法聽懂的聲音傳達著某種訊息。因此，暴風不會鎮日不停，大雨也不會連日不歇。

「雨過天晴」「黑夜過後是黎明」——我想大家都聽過這些話，但我也能理解各位在聽了之後，會忍不住想要反駁：「就算這麼講，現在就是很痛苦啊！」

不過，這些話並非意指「忍耐很重要」「給我一直忍耐下去」。

倘若你正抱持著似乎永遠不會停止的不安，宛如綿綿不絕的雨勢，那麼這些話語就如同幫助你撐過這段不安的「雨傘」——我是如此認為的。

感到很痛苦時，不妨靜下心來，等待雨過天晴，相信這一切總有一天一定會結束。

老子哲學的特徵，便是「自然主義」與「自然信仰」，也就是講求順應自然而生；相信大自然會教導我們重要的事物。

前文引用的箴言，即是以「希言自然」為開頭。

無論是雨、風、山、河川，大自然都不會在我們感到困擾、痛苦時，提出諸如「這麼做就好」「那樣就可以解決問題」等明快又具體的建議。

然而，正如同老子所說，只要我們仔細且冷靜地觀望自然界的動向，即能感受到大自然正在向我們發送各種訊息。

縱使猛烈的狂風不斷呼嘯，這也不會永遠持續。在那之後，晴天勢必將會造訪。

縱使燠熱的豔陽猛烈照射，在那之後也會降下淅淅瀝瀝的雨。

四季遞嬗，即便是看似永無止盡的寒冬，幾個月後也會像虛幻般被暖呼呼的春風吹散，樹木發芽，百花綻放。回顧過去，會發現每年都是這樣，不是嗎？

愈是面臨艱困且絕望的境遇，看不見前方盡頭的時候，愈該用心觀察大自然所賜予的啟示。

前文所引用的老子箴言，其實後面還有這兩句話：「天地尚不能久，而況於人乎？」也就是說連天地都無法持續降雨，更何況是人呢？

現代人總在不知不覺間以為自己處於比大自然還崇高的地位，然而，無論建立起多高聳的大樓、製作了多複雜的機器人，以現在的技術而言，我們依然無法操控天氣。我們能做的，只有撐傘等待雨停。

當然，就算撐了傘，雨也不會停，但雨傘可以避免雨勢直接襲擊身體。只要抱持「這場雨一定會停」的心態，就會發現雨過天晴確實是毫無例外的自然法則。

安靜地豎起耳朵，就能聽見大自然的教誨。

心之診斷

真正重要的道理，都是大自然教給我們的。再猛烈的狂風，也不會持續肆虐一整年；再滂沱的雨勢，也終會停歇。

毒菇思考

對你而言，我的毒
或許是「惡」。
不過對我而言，
毒是保護自己的「善」。

自己始終認真且正直地活著，周圍卻充滿輕浮又狡猾的人，
實在難以接受。
我想，許多人每天在面對周遭的人們時，
都懷抱著這樣的焦慮心情。
為什麼自己明明行事端正，
周圍的人們卻不採取這種堪稱模範的正確生活方式呢？
例如愈想愈覺得可悲、空虛，
不妨試著當一朵「毒菇」。

醫譯

善人應該成為
惡人的模範。
然而，即便是善人，
也能從惡人身上學習。

看見不認真、舉止狡猾的人，就會想教訓他們，甚至希望導正對方的行為——我能夠理解這樣的心情。然而老子認為，我們也能夠把「狡猾的人」「惡人」當作負面教材，從中學習。

我在閱讀老子的這句箴言時，想起了日本佛教宗派之一——淨土真宗的創始人親鸞所提出的「惡人正機說」：

「善人尚且往生，何況惡人。」

我想可能有人聽過這句話，這句話直譯是「就連善人也會得到救贖，更別說是惡人了」。

乍聽之下，或許大家感到一頭霧水：「咦？這是什麼意思？」

「善人能夠得到幸福」這點可以理解，不過，「既然善人能幸福，惡人當然也能幸福」又是何故？

其實，這裡所指的「善人」和「惡人」，定義本身就與一般認知有點不同。

簡單來說，

「善人」：深信自己是正確的人。
「惡人」：知道自己不對，有自覺自己正在傷害他人的人。

換句話說，這句話可以解釋為：「既然深信自己是正確的人能幸福，對於自身錯誤有所自覺的人，當然也能幸福。」

對於自認為行事認真、光明磊落的人，我自然是沒有惡意的。

然而若再進一步探討就會發現，所謂「正確」只是自己的評斷，沒有人知道什麼才是「真正的正確」。或許，你正將這些評斷基準強加於他人。所謂「常識」「道德」也是一樣的。

只要看見「輕浮的人」「狡猾的人」，大家可能會下意識地認為對方「有問題」。不過，在做出這樣的判斷前，也必須先思索「或許我只是把自己的價值觀強加在他人身上」「對方行為輕浮背後或許有其理由」。

什麼是善，什麼是惡？誰也不知道。

所有事情都是相對的，因此不需要批判「何者為正確，何者為錯誤」，這正是本書所闡述的老子態度。

我們都是人類，總是下意識用自己的價值觀去批判各種事物。當這種傾向增強的時候，請回想起老子的思考模式，告訴自己：「不不，別批判，別批判。」「所有事物都是相對的。」如此一來，你將會覺得世界看起來有那麼一點不同了。

心之診斷

別對「輕浮的人」「狡猾的人」生氣，不妨試著從他們身上學習。關鍵在於「不批判」。

⑮渴望復仇時，試試棒球手套思考

雖然接到一記強勁的投球，

不過，我會溫柔地丟回去。

嘿咻！

遭受侮辱、輕蔑，或是被冠上莫須有的罪名因而被當成壞人。
有這些經驗的患者，大多會用強烈的語氣對我說：「總有一天，我一定要復仇！」
這樣的經驗會形成心理陰影，在憂鬱症領域中，「陰影理論」即是一個重要議題。
「遭受不公平的對待」本身當然會是個壓力，
除此之外，我們還會因此產生「持續怨恨對方」這個新的壓力，
對心理造成嚴重負擔。
一想到對方的行為，就不禁情緒高漲，夜不成眠，
不僅如此，還可能討厭起被仇恨驅使的自己，
相信有不少人因此而搞壞了身體。
此時，請大家試著想想「棒球手套」。

醫譯

若以怨恨來回應怨恨，
爭吵就不會停止，
反而還會背負痛苦和新的壓力。
即便遭受不平的對待，
也要像蒙受恩惠那樣
溫柔地回應對方，
這才是道德。
如此一來，反而能回歸平靜。

對於遭受不公平對待的人而言，勢必很難接受「像蒙受恩惠那般溫柔地回應對方」，想必都會認為「這種事情怎麼可能做得到」，這畢竟是人之常情。

只是，我希望各位轉換一下視角：既然都要對這些不公不義有所回應，能不能試著做些不同的回應呢？

請大家試想，這件事情對現階段的生活會有直接且不良的影響嗎？讓你感到焦躁的對方現在根本就不在意你的事，結果就只有你變得愈來愈痛苦，這豈不是更讓人生氣嗎？

正如同我在第八十二頁所提到的「太陽思考」，凝視你一舉一動的人，正是你自己。如此一想，在看到自己能夠秉持道德、溫柔對待傷害自己的人後，勢必會認為自己很厲害、很了不起吧？我想，這麼做肯定會讓你的心情更好。

確實，那些討厭的人依然充斥於四周，又或是即便當下不在身邊，令人厭惡的畫面也會不斷浮現於記憶當中。

這種時候正需要用「棒球手套」思考。

就像棒球手套，接到球後，不是憑藉憤怒來強硬地投球回擊，而是溫柔地拋回去。如果你厭倦了不斷來回丟接球，不妨就把球和手套擱置一旁，選擇不去面對，因為你也可以放棄比賽。

這樣的心態或許有點狡猾，但我認為老子這句話就是在鼓勵這樣的狡猾。遭遇討厭的事後，更要以「我要對此展現不凡器度」的態度予以回應。若能做到這點，一切就在掌控之中了。

說個題外話，至今全世界依然存在許多地域紛爭與宗教戰爭，其背後原因大多可歸結於「怨恨孕育了怨恨」。

然而，中華民國（台灣）第一任總統蔣介石在第二次世界大戰後，當日本必須向亞洲各國支付戰爭賠償金時，引用了老子的「以德報怨」這句話來回絕。

戰爭匯集了巨大的怨恨，在如此仇恨當前，蔣介石卻透過老子箴言，以國家與一國代表的身分展現「巨大的道德」。

對於深受怨恨所苦的人們來說，此處所提到的老子言論，或許不過只是「紙上談兵」「漂亮話」。

不過，任憑自己被憤怒沖昏頭，難道真是幸福嗎？為了讓大家充實、幸福地生活下去，我們應該怎麼做？在回歸這項本質時，我不自覺會想，老子這句簡單的訊息究竟教會了我們多重要的道理。

心之診斷

若用怨恨回應怨恨，便會帶來新的壓力。
別讓討厭的情緒繼續增長。

⑯有點得意忘形時，試試

樹根思考

隨風
喧鬧的樹葉
看起來
雖然很有精神，
卻會隨著季節
更迭而散落。

太過開心，結果不小心得意忘形。
碰上好事，情緒不自覺就高漲起來。
身為人類，相信各位都有過這樣的失誤。
我能理解當好事發生時的興奮之情，也很明白在經歷值得開心的體驗後，忍不住逢人就想炫耀的感受。
然而，若因為得意忘形而放縱大鬧，或因為自己工作順利就對旁人指手畫腳，有時候會遭遇嚴重的報應。
我建議大家隨時去想想「樹根」。

即便我看起來很樸素，
但無論過了多少年，
都會
穩重地活著。

醫譯

若舉止輕率、吵鬧，
就容易錯失事物的本質，
失去立足之地。
秉持冷靜、沉著的態度，
才會得到最終的勝利。

太過興奮、鼓譟的時候，我們往往看不見周遭，甚至沒發現只有自己一個人歡騰不已，周遭人們卻退避三舍——這種事情其實經常發生。

網路上時常出現這種輕浮而令人反感的貼文：「快看！我遇到了這樣的好事！」「超爽的！」或許對當事人而言，發文動機僅是表達「很感謝能夠擁有這麼棒的經驗」，但從毫無關聯的第三者看來這不過是在炫耀。

愈興奮的時候，愈需要冷靜下來重新思考：「這會不會只是自嗨而已？」

我們或許很難察覺自我與周遭間的情緒落差。當心情過於亢奮、飄飄然時，請看看外頭的樹木。

只要風一吹，葉子就會朝氣蓬勃地發出「颯颯」的吵雜聲響；相較之下，樹根依舊靜靜地待在土中。

樹根從大地吸收了生存的能量，支撐枝幹、守護森林。

「根」這個字，向來常用於表示事物的最初本質，例如「根基」「根本」等。

別受限於表面的樣貌，要更重視本質。這不也是「樹根思考」嗎？

當清涼舒爽的微風拂來，別像葉子那樣輕易騷動，而是要像樹木一般沉著以對，我認為這樣的思維是很重要的。

稍微說個題外話，我身為精神科醫師，在看了老子的這番言論後，不自覺會想起躁鬱症患者。

所謂躁鬱症，意指同時有憂鬱和躁鬱狀態，躁鬱狀態下的情緒會很高昂，例如不斷購買高價品或做出不合時宜的行為，縱使旁人制止，他們還是會因為心情過嗨而充耳不聞。

然而，當來到憂鬱狀態時，他們就會後悔：「當時為什麼要買如此昂貴的東西呢？」並開始反省過去，因而非常沮喪，甚至可能走向自殺，是個相當危險的疾病。

我的意思並不是指老子箴言能迅速療癒躁鬱症患者，不過事實上，我時常在診療室對患者闡述這些思維。

情緒愈高昂時，愈要冷靜下來審視周遭。這樣的心態是非常重要的。

心之診斷

若像樹葉般，一被風吹拂就喧鬧吵雜，將會錯失最重要的本質。無論何時都要保持冷靜、沉著。

⑰覺得自己與周遭格格不入時，試試

鏡腳思考

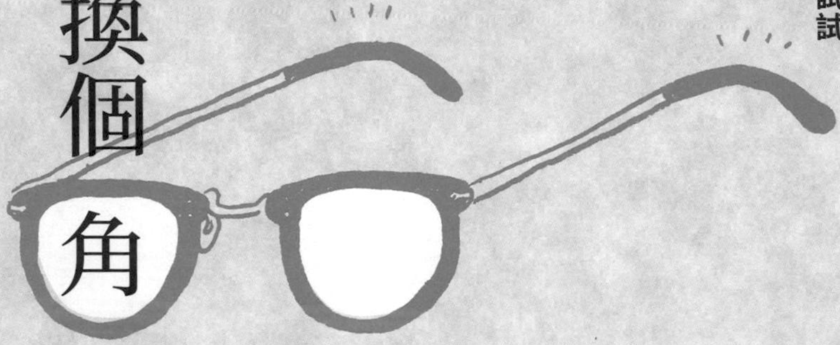

比起筆直，

「彎曲」的力量

其實更強大。

不妨換個角度思考吧。

有些人會有這樣的想法：認為自己的性格扭曲，
內心毫無正能量，總是思考一些負面的事；
又或是認為所有人類都有問題，因而無法和他人好好相處。
我的診療室時常會有這些所謂「認知扭曲」的患者來訪，
縱使狀況或許沒有那麼極端，
但苦惱於「自己和其他人有點不一樣」「以為自己很普通，
結果好像無法融入大眾」「無法和大家打成一片」的人，
其實遠比想像中還多。
如果你也是，請試著去想想「鏡腳」。

醫譯

想要成就某件事物時，
適時彎曲也是很重要的。
相較於堅持筆直的生活方式，
有彈性的曲線生活更為理想。

有些人認為自己和一般人格格不入，甚至覺得自己一無是處。以西洋醫學的角度來看，往往會診斷這些思維模式是出自於「認知扭曲」，於是建議患者接受「改變認知方式的訓練」。

此治療方式又被稱為認知療法、認知行為療法等，其目的是改變個性及看待事物的方式。當然，這套療法有一定程度的效果。

只是以現實來說，仍有部分患者無法接納認知療法。

一旦指出這樣的事實，就會有人批評我是在「助長愛撒嬌的歪風」，不過以長遠來看，這些無法融入社會大眾、甚至可說是「扭曲」的人，經常可能在商業或藝術領域出人頭地。

那些能夠締造「不可能的任務」的偉人們，看在同時代的普通人眼中，想必也是個「怪人」「格格不入的人」。換句話說，他們正因為不照著常軌行進，才能成就了不起的事業。

音樂家莫札特就是個怪人，無法順利與人溝通；日本知名藝人黑柳徹子在童幼年時期總是沉浸於幻想的世界裡，被國小老師視為問題學生。如上所示，或許「格格不入」的狀態，反而可能讓往後人生更加豐富精彩。你眼中的缺點，其實擁有極為強大的潛力。

舉例來說，請回想一下森林裡的樹木。筆直的枝幹當然有其價值，唯有這樣的樹木才能成為木材。

然而，筆直的樹木也會輕易吸引樵夫的目光，馬上被砍伐。

另一方面，枝幹扭曲的樹木就不會受到樵夫的眷顧，得以長久生存，進而形成廣袤森林。有時候，彎曲反而能讓你更堅強地活下去。

眼鏡的鏡腳也是一樣，正因為形狀彎曲，才能夠貼合耳朵。倘若此處是根筆直的棒子，就無法掛在耳朵上，一下子就掉落。

在這個世界上，勢必存在著「扭曲」的優勢。

比起感嘆自己做不到的事，不妨豁達地思考：「反正自己本來就和他人不同。」

深入探究自身潛力，不知不覺間或許就會發現，自己其實像鏡腳一般，是不可或缺的存在。

心之診斷

若是生來扭曲，就維持扭曲狀態即可。與其感嘆「做不到的事」，不如試著去想「要如何照這樣活下去」。

⑱覺得周遭都是笨蛋時，試試
變色龍思考

在這種地方引人注目也沒有意義嘛。就把實力保存下來吧！

有時會覺得自己不該待在這種地方，
而是值得受到更多好評，
在其他領域一展長才。
很多人對於現在所處的環境感到不滿，
認為如果生逢其時，自己絕不會淪落至此；
周圍的人們談話毫無深度，
只會做些一成不變的單調工作。

想到這樣的鬧劇將會持續一生，
就感到無趣又厭煩。
自己明明應該和更優秀的人在一起。
希望其他人能夠充分明白自己的實力。
如果你感到無奈，請試著去想想「變色龍」。

醫譯

收斂鋒芒，與世俗融合。

換句話說，

與其追求成為

「閃耀的存在」，

更重要的是

試著融入世俗。

這句老子箴言想傳達的是，即便被無聊的人包圍，自認為「唯有自己才是正確的」「自己不該身處於這裡」，也不妨試著和周圍的人們同化。

我理解因為對自己現在的處境和待遇不滿，渴望主張「我和這些傢伙不同！」「我更優秀！」的心情。

置身於這種境遇當中，不免會陷入焦慮不安，認為自己比他人更有價值，並期望讓周遭承認這點，最終受到最嚴重傷害的會是自己。對此，老子提倡要刻意隱藏自己優秀的人格和實力，試著融入汙濁的現實世界。

「和光同塵」這句話在佛教當中，也意指菩薩為了救助人民而隱藏原本的純潔姿態，成為抱有情感和欲望的存在，現身於俗世。

時下風潮鼓勵人們「活出更閃亮的人生」「蛻變為更閃耀的自己」。然而真正高尚的人，並不會強調自身光芒，更不會刻意展現「我和你們這些人不同」的態度。

「零批判」的意義，就在於不去評判自己比周圍的人們高尚或低下。

話雖如此，假如無論如何都無法忍受自己和周遭同化，不妨就把這想成是一種遊戲，徹底成為變色龍吧。

變色龍可以變成紅色、藍色和鮮豔的綠色等多采多姿的顏色，也能夠像樹木和枯葉那樣變成單調的顏色。

多采多姿本身並不厲害，能夠臨機應變、順應周遭，才是變色龍最優秀的能力。雖然周圍無法改變，自己卻可以。這並非妥協，而是為了更加順利地生活而試著改變自己的觀點。

除了變色龍以外，自然界中還有許多會運用「擬態」方式模仿周遭事物的生物。沒錯，所謂擬態就是一種本事，在不改變自己本質的前提下，為了生存下去而妥善運用這個策略。

以現實來說，這麼做或許多少會讓人感到自尊心受創。這時不妨試著轉念：「如果因為太過顯眼而遭人厭惡，也沒什麼好處啊。」

別去評判環境的優劣，而是淡然地做好在當前所處環境能做到的事，隱藏真正的實力。

倘若真的有實力，總有一天逆襲的機會一定會造訪，請為了那個時刻靜靜等待，也就是「和光同塵」。順帶一提，據說變色龍吐出舌頭時的速度最高可達到重力加速度的二六四倍。

心之診斷

「我不屬於這裡，而是值得去更好的地方」——別抱持這種藐視周遭的想法，首先試著融入周遭如何？

幽靈思考

⓳太過努力而身心俱疲時，試試

我在活著的時候
也是有錢有勢的，
沒了身體就沒意義啦。

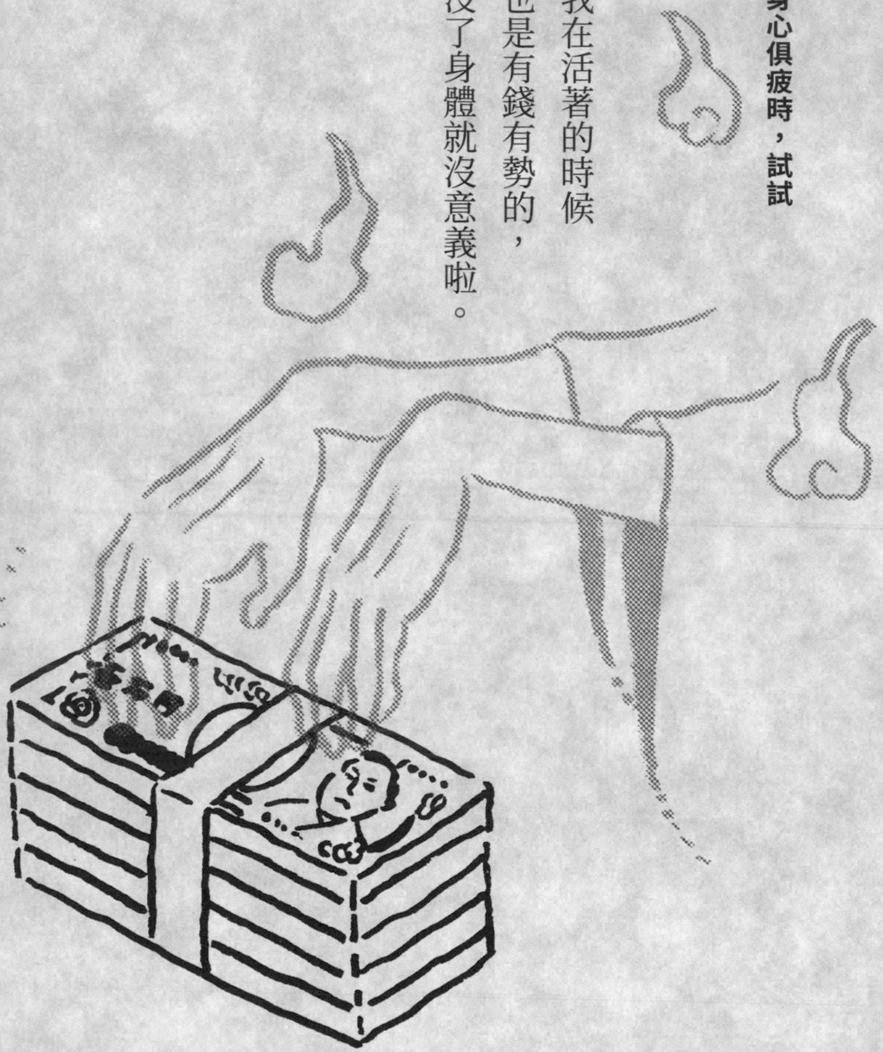

太過努力工作，不小心搞壞了身心；
太想要得到上司的賞識、急著完成任務，不斷勉強自己加班；
一不小心可能就會失去周遭的信任，所以不得不繃緊神經努力。
當然，這是因為我們肩負身為公司一分子的責任，
很多事情必須以整個公司或組織的身分去處理。
然而不僅如此，以個人層面來看，自己確實總會不自覺地太過努力。
當然，這份努力絕對不會被否定。
只是倘若因此搞壞身體，那就本末倒置了。
我想請大家試著去扮演「幽靈」。

醫譯

自己的行為將會帶來名譽還是負評？
人們總會因為這種事情而膽戰心驚，
但是名譽、財產、評價等外在事物
和「自我」究竟何者重要呢？
正因為我們擁有形體，才會擔心這麼多事。
若沒了身體，就沒什麼好擔心的了。
身體是一切的根本。所以，若要治理天下，
也應該交由懂得愛惜身體的人來治理。
若是我的話，我會希望把天下交給這樣的人。

吾所以有大患者，為吾有身，及吾無身，吾有何患？故貴以身為天下，若可寄天下；愛以身為天下，若可託天下。

這段話有點長，卻讓我反覆溫習、回味無窮。

我們每天都在工作、生活，很容易執著於名譽、金錢及他人評價，然而這些外在事物全都是因為「擁有自己的身體」才得以成立。

倘若此刻魂歸西天，成為幽靈，當你從空中俯瞰那些活著的人時，會對什麼事情感到後悔呢？

我個人的話，就不會去想「想賺更多錢」「想變得更偉大」等名利方面的煩惱，而是懊悔「真該多吃些美食」「真該多和家人朋友相聚」等。

為了避免留下這樣的後悔，最重要的是凡事優先考慮自己的身體。無論再怎麼忙碌，也必須空出時間，仔細思考該把時間和勞力耗費在哪些事情上。

以此為大前提，並確實理解這個前提的人，才是值得治理地方、國家和社會的人——這就是老子所傳達的道理。

不知為何，人類總會把「活著」當成絕不動搖、理所當然的事實，並因此不愛惜身體，聲稱：「我非常了解自己，我還能夠工作。」不過，人類最終仍屬於大自然的一環，就像雨和風無法控制一般，人類的性命也是無法控制的。

日本作家坂口安吾曾說：「人類活著才是所有，死了就一無所有。」拿破崙也曾說過：「活著的士兵遠比死去的皇帝還要有價值。」

近年來「工作改革」一詞在日本相當盛行，訴求減少加班、提高生產力的風氣也愈來愈活絡。

而我認為，其理念最終仍可歸根於「珍惜身體」。

珍惜身體，也就是珍惜人生。更進一步來說，這也與珍惜周遭人們有關。

當感受到有點疲累時，就試著去想像倘若自己成為幽靈會怎麼樣。

無法再與親愛的人對話；無法再做想做的事；無法再品嘗美食。

這些不具實際形體的狀態，對你而言是幸福嗎？

請好好珍惜每天生活，讓自己在回歸自然時，能夠心滿意足地想著：「幸好我已經盡情運用這副身體，好好體會了人生！」為此，我希望各位能夠停下忙碌的腳步，思考什麼才是最重要的事。

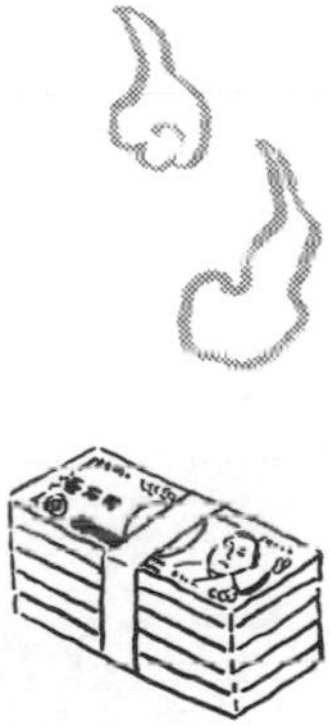

心之診斷

追求地位、名譽、金錢及好評的人很多，但沒有什麼事情值得犧牲身體也非到手不可。

其實，
已經很充足了，
之所以會覺得
還不夠，
或許是因為
沒發現自己的幸福。

這輩子總是運氣很差，在不幸的境遇中成長，
如今不僅生活捉襟見肘，連父母、親戚及朋友都不伸出援手。
職場上也不受到上司眷顧，回過神來發現自己已經遭受排擠。
拚命努力到現在，卻毫無回報，這樣的處境確實非常辛苦。
歷經多次努力卻沒有成果時，
就算有人鼓勵自己「要抱持希望！」「要繼續前進！」
想必也很難轉換心情。
此時，請大家試著把自己當成「鹽味飯糰」。

醫譯

懂得知足，
不過度追求名譽、
金錢和地位，
就不會遭受屈辱。
掌握「剛剛好」的水準，
不奢求更多，
就不會遇到各種危險。

我曾聽過一則故事：一名住在東京高級公寓、年收超過五千萬日圓的人來到某間診療室。即便家境富裕，他仍感嘆著「不夠、不夠」「我非常不幸、倒楣」，痛苦不已。若單從經濟層面來看，明明已經備受上天眷顧的他應該要十分滿足了，當事人卻覺得不足夠（包含經濟層面）。

要擁有什麼才會滿足呢？要擁有什麼才會感到幸福呢？

關鍵在於滿足和幸福本身並非絕對，任何事物都不過是相對的概念。

如果你覺得「比起他人，自己不夠幸福」，那麼此刻或許就是確認「是否真的不夠幸福」的時機。原因在於，「幸福或不幸福」這種相對概念，會因為所處的位置不同而有完全相反的詮釋。

舉例來說，有個人長期住院，難以接觸外面的世界。某個夏天，他終於出院了。沐浴著閃耀的陽光，在萬里無雲的晴天散步，讓他感受到無與倫比的幸福。

然而，對於每天都在炎炎夏日中穿著長袖揮汗工作的工人而言，這就會成為令人感嘆「今天被太陽曬得好熱，真倒楣」的「不幸原因」。

到頭來，人生其實是由這些「感受的方式」所建立。就某種意義來說，打造我們所處現實的並非現實本身，而是「如何去感受現實」。

就好比在吃鹽味飯糰時，別一味抱怨：「真是窮酸又無聊的飯糰！」換個俏皮的想法，便能感受到微小的幸福：「這種吃法，才能充分品嘗白飯的甜美」「簡單才是最棒的！」如此一來，對那個人而言，鹽味飯糰就能為他打造幸福的現實世界。

一代經營之神、松下電器創辦人松下幸之助先生有個知名的故事：在面試時，他會問受試者一個問題：「至今為止的人生，你是幸運還是不幸的？」

他會錄取回答「幸運」的人，不錄取「不幸」的人。

當然，「幸運」和「不幸」的事實本身並不重要，說到底，松下幸之助先生只是想要知道對方「是抱持著何種感受生活至今」。

懂得知足、認為「能夠一路活到現在，實在非常幸運」的人往往比較謙虛、努力工作，也不忘感謝他人。

隨時感受在日常生活中的「微小幸福」，並充分理解自己「已經擁有很多了」——這或許是唯一一個能夠靠自己實踐、藉此終止「不幸」的方法。

接下來，你最渴望的事物究竟是什麼？想要如何感受生活呢？

心之診斷

或許「不足反而才是最好」。正因為有所不足，才會有新的事物等待你發掘。

心之練習 4 從心底感受滿足的鹽味飯糰練習

鹽味飯糰的做法簡單，只需要白飯及少許鹽水即可完成。近來，也開始有店家販售不含任何餡料的鹽味飯糰。

下次肚子餓的時候，請刻意去買這樣的鹽味飯糰，閉起眼睛仔細品嘗。雖然是樸素到近乎極簡的食物，也必定能從中感受到豐富的滋味。

或許是白飯的柔軟口感；或許是仔細咀嚼後散發的甘甜；又或許是細微的鹽分也能發揮無窮風味，令人滿足。

這個練習不僅限於鹽味飯糰，也適用於日式梅乾便當或清湯掛麵。

更進一步來說，在晴朗午後的公園長椅上，光是坐著用餐就能夠感受到幸福了，無論吃什麼都無所謂。

最重要的是不仰賴「幸福的境遇」，而是去發掘自己周遭的「幸福好點子」。這句話是老生常談了，事實上卻需要練習。

縱使是在早起上班的通勤路上，其實也藏著非常多「幸福好點子」。天氣很好、路人開朗地向自己道早安、電車乘客稍微少一點、公司電梯很快就來了……無論什麼都行。

不過，倘若平時都以「自己很不幸」為前提來感受生活，或許就只會留意到讓此前提得以成立的事物。

因此，為了訓練自己學會掌握生活中的小小幸福，首先，就試著從「鹽味飯糰」開始練習吧。

「美味」是一種能夠無條件讓自己感到幸福的催化劑，因此從「飲食」開始嘗試，會是最好的改變契機。

㉑付出一切卻沒有回報時，試試

就算你愛我，也得不到任何回報喔！

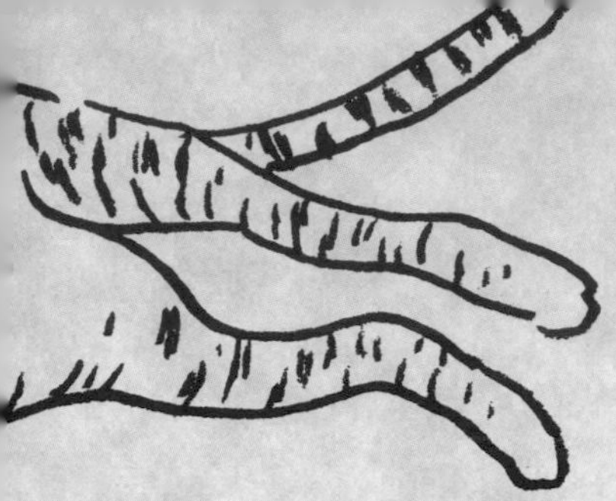

為了公司、為了上司盡心盡力，
對社長更是鞠躬盡瘁。
沒想到，自己卻成了最先被解雇的對象。
這實在是無法原諒，太痛苦了。
曾有人這樣對我這樣傾訴過。
一心為了公司，甚至不惜犧牲自己，
卻換來被裁員的下場；或是被迫離職；
眼睜睜看著偷懶的同事受到重用……

這樣可以嗎？

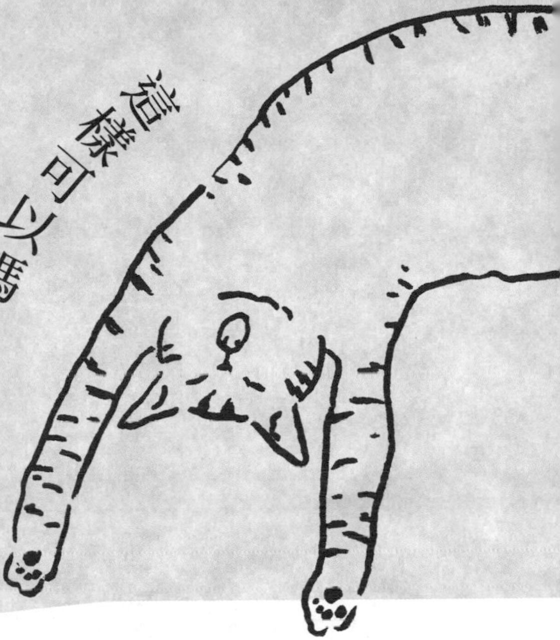

相信很多人都遭遇過這種不合理的狀況。

除了職場之外，

生活中也可能對其他人有過「明明做了這麼多，

竟然被背叛」的痛苦感受。

此時，請大家試著變成一隻備受寵愛的「貓咪」。

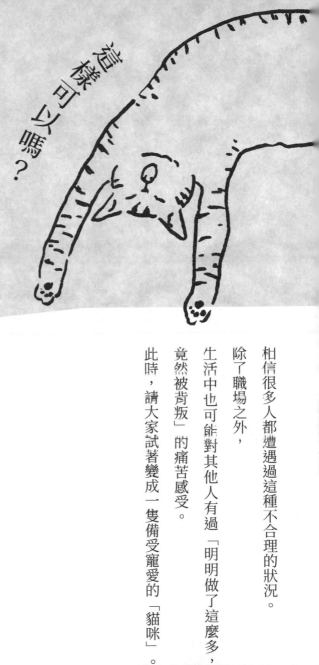

醫譯

「忠義」「忠誠」這些倫理道德，
原本就是他人加諸於我們的規則。
比起一味遵循教條，
更重要的是看透這些其實
「最初並不存在」的規矩，
過著自然、
平凡且不與人爭的生活。

我稍微介紹一下老子講出這句話的背景，此處談及的「仁義」（忠義、忠誠等倫理道德）意指儒家的教義。

另一方面，所謂「大道」就如同字面所述，意指「大道理」「順應自然的生存方式」，這是老子常說的中心思想。

換句話說，以老子的立場來看，正因為「自然之道」荒廢、式微，「忠義」「仁義」等儒家教義才刻意被捧為話題。老子想表達的是順應自然為最理想的方式，別被嚴格的教義所束縛。

確實，所謂道德本來就不應出於受迫。就好比遇見優秀上司時，會自然湧現這樣的念頭：「想盡一己之力協助上司，這麼做將會讓我感到喜悅。」為此而展開的行動，即是出自於極其自然的情感。

然而，一旦這樣的行為被局限於「仁義」的教誨下，人們便會認定「為上司盡心盡力，是員工的義務」「必須好好為公司效力」。

因此，我希望各位試著有所自覺：我們心中其實並不存在「必須盡力才

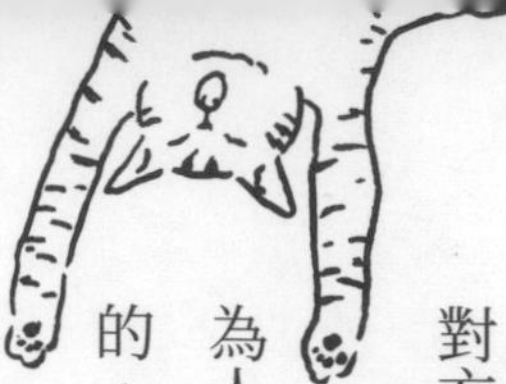

行」的規則。

說到底，「付出」本來就不應出自於強制規範，也並非期待回饋。話雖如此，如果要求「別對對方有所期待」，又稍嫌太露骨了。明明付出心力，對方卻連一句感謝都不表示，這確實令人感到沮喪。

不過，即便對方沒有任何回饋，也無法抹滅「你的付出」這項事實。身為人類，內心原本就存在付出的渴望。發揮本能並滿足這項欲求，是很重要的。

就像父母牽掛孩子、飼主疼愛家貓一般，有時候，我們心甘情願注入無償的愛。

若過度強調「不求回報」「不抱期待」的心境，將會讓彼此相處的氛圍急速冷卻。不妨聚焦於更有人情味的一面：光是「付出」這件行為本身就很棒了。

這正是「愛貓思考」。

貓是一種反覆無常、我行我素的生物。常聽人說，狗大多善於親近人類又愛撒嬌，貓卻不來這一套。不過，依舊有許多人鍾愛這樣忽冷忽熱的貓。

我們並不是因為可以得到回報，才選擇去愛的吧？這種「飼主的愛」本身就很美麗。有時候，我們或許也該抱持著同樣的心情面對人類。

即便沒有任何回報，你的情感和行為本身就已經很美麗了。

心之診斷

「盡心盡力」這件行為本身就很了不起了，這是你心中有愛的證據。

㉒無法融入當今社會時，試試

喇叭褲思考

流行？老派？怎樣都好啦，

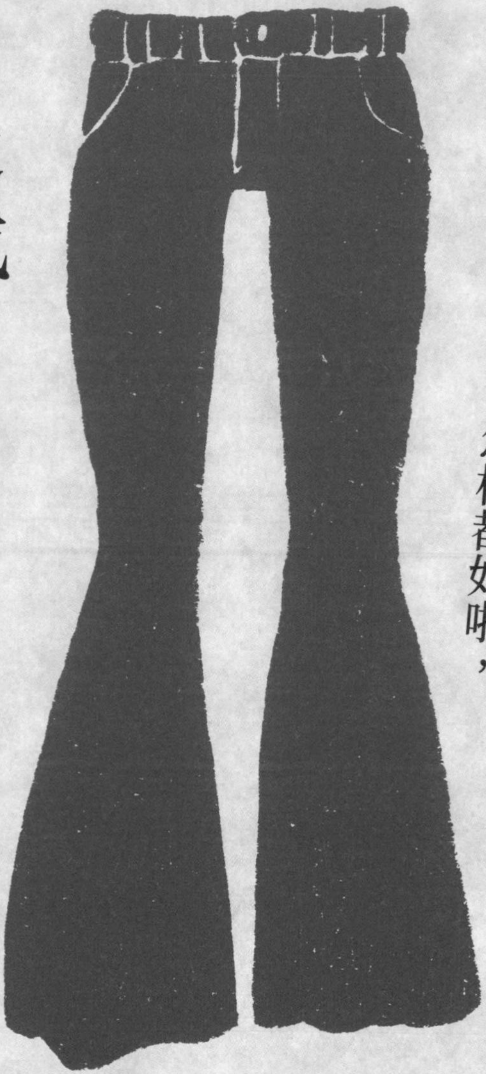

這就是我。

近年來，日本有愈來愈多人長期足不出戶、脫離社會，
被稱為「繭居族」。
精神科診療室中，很多訪客即是深受這項問題所苦。
除了年輕人之外，
我也經常聽到年過四十仍依賴父母、
幾乎窩在房間足不出戶的故事。這儼然已成為一個社會問題。
即便當事人也有自覺：「大家都在努力工作、貢獻社會，我好可悲……」
卻仍難以抽離現狀。
縱使並非繭居族，也有很多人因為無法融入當今社會而感到痛苦。
此時，請大家試著變成一條「喇叭褲」。

醫譯

一般來說，每個人都有
可以發揮專長的領域，
但換作是自己時，
卻又認定自己「一無是處」。
請別自暴自棄，
不妨想想：那些看似聰明的成功者，
是否其實也只是在迎合膚淺的世俗呢？
順應自然、不必勉強，
沿著眼前的路繼續走就好。

衆人皆有以，而我獨頑似鄙。
我獨異於人，而貴食母。

若用粗淺一點的方式來說，老子的這段話可以這麼解釋：「就算對社會毫無益處也無妨。」「用自己的方式，順應自然並活下去就好。」

聽我這麼說，想必就會有人斥責：「這難道是在肯定繭居族嗎？」當然，我引用這段話的目的並不是肯定繭居族。

然而，正如同前文提到的「得意時讀孔子，失意時讀老子」，陷入低潮時，我們也會需要有人告訴自己：「哎呀哎呀，這不也很好嗎？」「這也是一種人生。」真理並非只有一個。

事實上，在患有憂鬱症的人當中，大多數都長年窩在家裡。該如何與這樣的人相處，其實是一大難題。

若症狀好轉後能夠順利融入社會，當然是最理想的，不過也有些案例需要轉換思維，絕不能輕率斷言何為「社會公認最正確的道路」。畢竟在面對複雜的人心時，是無法以一概全的。

就算是繭居族，也有各式各樣的形式。其中有些人除了苦惱於外在社會，也對於「窩在家裡的自己」感到壓力，渴望脫離現狀卻力不從心，承受著雙重痛苦。

老子就是要我們先試著肯定這樣的現狀，然後完全接納。

無法適應社會，確實很辛苦。

不過，或許「社會」本身其實不過是「在當今時代下，被人們擅自打造出來的淺薄之物」。這麼一想，就算有些難以適應這樣的社會，但那又怎麼樣呢？

就好比喇叭褲。這種褲管下方像喇叭般外展的褲子曾紅極一時，雖然曾被認為落伍，隨後卻又成為風潮，接著又退流行，如此不斷反覆。

或許設計上多少有些變化，但其基本形狀是不變的。同樣的褲子，隨著時代更迭，時而當紅，時而落伍。

同樣的例子還有很多，例如藝術界也曾推動文藝復興；過去被視為「老氣」「過時」的事物，也可能重新成為時代的寵兒。反過來說，現在流行的事物也勢必有退燒的一天。

而繭居族說不定也只是湊巧和現在這個時代的普遍認知、流行、思維方式及生活型態不合罷了。

因此，別因為和當今社會合不來就如此灰心。倒不如說，硬是勉強自己迎合反而會更加不自然吧。

心之診斷

不必勉強，用自己的步調活下去，也是一種人生，反正時代是會不斷改變的。

㉓認為自己沒有價值時，試試茶杯思考

咦？

你說我「一無所有」嗎？
告訴你，我的價值就在於這
「一無所有」
的空間喔。

自己並沒有什麼特別的專長，
也找不到活著的價值。
或許，你曾經為此感到沮喪，
覺得自己存在與否都一樣。
當然，能夠對社會或組織有所貢獻，
確實有益於建立自我認同感。
我們必須去思考自己做得到的事，並為此努力。
然而，說到底，什麼才是「貢獻」呢？
我希望各位不要輕率地評判其定義。
你所認定的「貢獻」，是否具有絕對的標準呢？
請大家試著轉換成「茶杯」思考。

醫譯

任何事物的用途，
都因為有其派不上用場的地方，
才得以成立。
事實上，「無」——
也就是「什麼都沒有」的狀態，
也有其用途。

這是個很有老子風格的逆轉思維，而我相當認同這個真理。「無」也有派得上用場的時候。

話雖如此，乍看之下或許很難立即意會。舉例來說，請大家回想一下陶瓷茶杯。在優秀的陶藝師手下，茶杯的形狀、韻味、顏色、光澤及手感，無不極具美感。

然而，要說這些藝術性的表現本來就有其功用嗎？可不見得。

真正發揮作用的，是茶杯內側那什麼都沒有的空間。換句話說，即是「無」。正因為在那空間內添入茶水，茶杯才能盡其職責。

此外，請想像腳踏車的兩個車輪。正因為在車輪和車輪之間有著什麼都不存在的空間，才能設置軸心，讓車子運轉。倘若那之間是實心的，車輪就沒有用處了。

換言之，所謂貢獻與用途，會根據觀點和想法相異，而產生完全不同的評價。

倘若在公司或團隊內發表「完全派不上用場也沒關係」「你只要維持現狀就好」等言論，看似是在肯定那些翹班或沒有幹勁的員工，不過，這至少能夠傳達：那些「一目了然」的用途與貢獻，絕不代表一切。

能夠做出耀眼業績的人，確實很優秀。

不過，是因為公司內部還有負責行政工作的人、計算薪資的人、接洽電話的人等各式各樣的員工，那個人才能夠取得佳績。

此外，在團隊中出言鼓勵、慰勞的同事，也是不可或缺的存在。每一句「你好棒！」「辛苦了！」「要保持心情愉快喔」「好好享受工作吧」都有其貢獻，絕不可笑。

更進一步來說，就連協助清掃辦公室的人、烹調午餐的人、建築公司大樓的人們，也都確實地發揮其作用。所謂貢獻，絕不僅止於那些顯眼的事物。

確實，根據工作類別的不同，有時候無法直接看見他人開心的表情，也會因為不曉得自己是否真能派上用場，而感到空虛不已。

不過，請試著想像看看：你所存在的世界和你不存在的世界，是完全不同的。

所謂貢獻，並非如你所想的那麼刻板且絕對。

心之診斷

別輕率判定他人的「貢獻」。只要改變看法，乍看之下「無用的人」其實才是最有用處的。

㉔ 厭惡自己不學無術時，試試 零分思考

為了「勝過他人」而拚命念書，
實在太遜了。
所以，我會老實承認
「我不知道」。

覺得自己既缺乏知識，又沒有學問，

無論是資訊科技、經濟或哲學都一竅不通。

相信很多人都對於這類事情感到自卑。

看到畢業於一流大學、在歐美名校研究所取得MBA學位，

或考取熱門證照的人們，便會因此感到自卑。

當然，付出相應努力習得豐富知識，

或是通過困難考試的人們都相當了不起。

不過，這並不代表「不學無術的人」就是廢人。

身而為人的價值，完全無關乎學問的有無。

此時，不妨試試看「零分」思考。

醫譯

倘若停止學習，
就不會再有所煩憂。
會損及自身價值的學習，
最好還是果斷放棄，
才能夠無憂無慮地活下去。

學習是很重要的，這點無須贅言。就連這句老子箴言，也不是在告訴我們「絕對不要學習」。

然而無論是何種學習，倘若為此制定無聊的階級制度，好比「不會念書的人很沒用」「沒有知識就是下等人」等，這樣的學問還是果斷放棄比較好——我是這麼想的。

那麼，我們到底是為了什麼而學習呢？

這是個困難的議題，其一應是「為了豐富自我」。並非與他人比較，而是以自己的方式順其自然過活。在我的認知裡，這才是老子所教導我們的「豐富」。

一味為自己和他人制定優劣，到頭來只會苦了自己。相較於此，還不如笑著自嘲「反正我就是零分」。

與其感嘆自身學問涵養不如他人，不如試著賞識「不學無術，但率真且能屈能伸」的自己吧！

此外，從不同視角來詮釋的話，我認為老子的這段話還蘊含著另一個啟示。

自古以來，許多學者和科學家不斷進行各式各樣的研究，推動文明的進展，拜此所賜，我們才能過著便利又舒適的生活。然而，我的內心深處仍抱有疑慮：就真正意義上來說，文明的進步真能引導我們往正確方向前行嗎？舉例來說，文明發展帶動武力的開發、核能的使用，也對這個社會也造成負面影響。如今，ＡＩ技術正在全力推進，而這樣的進展真的可以稱為「正確」嗎？

或許正如老子所說，「倘若停止學習，身處於全人類這個巨大框架下的我們，就會變得比較輕鬆」。這段話促使我們去思考這道大哉問：究竟學習的價值何在？答案絕非輕易就能釐清。

最後，偷偷和各位讀者爆個料：若更進一步探究老子的這段話，會發現其中似乎蘊含著「反駁孔子」的意味。

在老子的時代，講到「學習」大多是意指「儒教」，也就是「孔子的教義」，而這段話似乎也表達了「學習嚴格的儒教，並沒有意義」的想法。

本來儒教中就存在諸多「人生要這樣做才正確」等「理想論」，而老子否定了這點。老子或許會這麼說：「我才不懂這種事情有何正確可言。」

我們也可以從這段話中明白：不應輕易評論好壞。這樣的解讀方式也十分符合老子的「零批判」思維。

即便這段話的用意真是反駁孔子，我也會覺得「這確實很像老子的作風，倒也不壞」，並抱持著善意去接納這則啟示。

心之診斷

知識、學問無法直接決定自身的價值，不必為了自己不學無術而感到自卑。

如果只有甜味，
就會慢慢感到膩口。
所以說，帶點鹽味
會比較好吃呢。

曾經一手建立公司，搖身一變成為有錢人。
沒想到在不景氣浪潮下，公司宣告破產。
相較於過去的榮耀，
現在自己的處境實在既辛苦又可悲。
如上所述，
不少人會將過去的成功和現在的挫折進行比較，
因而煩惱不已。
退休人士往往容易罹患憂鬱症，也是因為如此。
正因為曾體會過往日榮光，才無法接受現在的自己。
此時，請大家試著去想想「鹽味大福」。

醫譯

嘗過榮耀的滋味並銘記在心，
時而亦體會過屈辱，
人生才有價值。
如此一來，
才能成為宛如山谷般的存在，
世上一切有價值之物
都會往此處匯集。

曾體會過榮耀，當然是件很棒的事。

然而，比起只有榮耀的人生，體會過挫折和屈辱的人生才更加有價值——這就是這段話想傳達的訊息。

挫折和屈辱自然是很痛苦的，不過，老子箴言正是表達了人生、人性等價值的其中一項本質。

這並不是單純的安慰或鼓勵，而是鐵錚錚的事實。畢竟，當你的人生感到迷惘時，會想要向「一路順風」的人請益，還是「體會過成功和挫折兩者」的人呢？

應該還是後者吧？

就好比失戀時，你會向從年輕時就很受歡迎、不愁沒對象且從未被甩過的人傾吐戀愛煩惱嗎？

當你在精神上感到痛苦時，通常會想去詢問曾有過同樣痛苦且已經克服的人，對吧？

曾有個電視節目叫《魯蛇老師》（じくじり先生），內容是談論自己的失敗經歷並分享從中獲得的領悟。事實上，有些景色是歷經失敗後才看得到，而許多人會追求這樣的經驗。

肯德基創辦人哈蘭德・桑德斯也是在經歷了鐵路公司員工、律師、業務、加油站店長等各式各樣的工作，幾度失敗後才成立了肯德基，那時他已經六十五歲。

說起來，他確實花了許多時間在經歷人生的失敗，不過也正因為累積了這些失敗，才會有往後巨大的成功。

如果你現在正在體會人生的挫折和屈辱，不妨試著這麼想：「這樣一來，我的人生就會稍微變得更有深度了。」「這或許是通往成功的過程。」「這是個讓我變得更加完整的機會。」

承受愈嚴峻的挫折，愈艱辛的屈辱，人生的體會就愈深刻。就像鹽味大福，正因為帶有些許的鹽味才更能襯托甜美。如果只有甜味，就會很容易吃膩，更談不上美味了。

人生也是如此。或多或少帶點鹽味，生命才會更加豐富有趣。

真正強大的人，無論身處多麼艱苦落魄的境遇都能夠不迷失自我，堅強地生存下去。別嫉妒、羨慕他人，也別一味埋怨自己的遭遇、自甘墮落，淡然且順其自然而活。這樣的人，才具備了真正的強大。

反過來說，始終立足於頂點的人乍看之下或許充滿能量，說不定事實上十分弱小。

心之診斷

同時嘗過「成功和失敗」「榮耀和挫折」的人會更有趣、更強大。始終位在高處的人其實意外地弱小。

1＋1＝2。不過，
現實世界不存在
永遠成立的算式。

大自然
尤其是
如此呢。

本以為已經盡己所能地準備，明明一切都很完美，
卻還是得不到預期成果。別說沒有成果了，根本一塌糊塗。
相信很多人曾有過這樣的經驗。

在人際關係方面也一樣，
自認為充分為對方著想後才採取行動，一片好心卻反遭到怨恨。
這確實令人感到沮喪。

你或許會自暴自棄，認為這個世界上只有不順心的事。

那麼，請大家試著去想像自己是個「晴天娃娃」。

醫譯

無論何事都力求完美達成，
並為此努力不懈——這當然很好，
不過這個世界的變化
並非人類能力所及，
不可能凡事如自己所想。
若希望事情照著預期進行或
甚至成為自己的囊中之物，
別說是達成目標了，
更可能走向毀滅。

天下神器，不可為也，不可執也。
為者敗之，執者失之。

我從這段話感受到兩個重大的意義。

其一，便是「追求完美不是一件好事」。這與完美主義形成強烈對比。盡自己所能做好準備、努力工作，這確實很優秀。然而，若過於追求完美，就會將自己和他人逼到絕境。

劇作家橋田壽賀子小姐曾在節目中說過：「身為二流劇作家，正因為一直以來工作都只求適度就好，才能走到現在。」

雖說應該很少人會覺得橋田壽賀子小姐是二流劇作家，不過她所說的「適度就好」這句話，誠然充滿啟發性。

並非「追求完美」，而是「適度就好」。

這個態度不正是我們應該學習的嗎？

此外，從老子箴言中我領悟到另一則寓意：這個世界並非總是按照合理的因果關係運轉。

就算努力，不代表就會有成果；就算努力，不代表夢想就會實現；就算出發點是好的，不代表對方就會欣然接受。

這個世界從來就不像加減乘除那樣，一切合乎邏輯。即便祈禱天晴，掛上晴天娃娃，隔天也有可能下雨。但這也是很自然的。

人類總會不自覺期望「種什麼因，得什麼果」。倘若太過執著，便會產生負面情緒：「我都這麼努力了，非得成功不可。」「我為了對方如此盡心盡力，被感謝也是理所當然的。」

然而，現實有時會違背預想和期待。

對方有對方的情緒和狀況，不一定會給予你所期待的回應。

這種時候當然會失望、沮喪，但此時才更要稍微喘口氣，告訴自己放輕鬆：「凡事畢竟不會總是遵循因果關係。」「是我太過一廂情願了。」

晴天娃娃當然不會像數學算式那樣百分之百實現我們的願望，畢竟人類無法完全掌控自然。

然而，「誠心許願並製作晴天娃娃」這項行為，也就是拚命去做「自己現在能做到的事情」本身，其實是很美好的，為此所花費的時間也非常值得敬佩。

換個角度想，這樣也不錯，不是嗎？

心之診斷

有時縱使做好萬全的準備，事情也不會順利進展；有時本以為出於善意，結果卻適得其反。這個世界並非永遠遵循因果關係。

比起一直戴著
破破爛爛的
皇冠，
還不如
果斷戴上草帽
比較帥氣。

如今，日本的高齡化速度居全球之冠。
隨之而來的高齡者憂鬱症也逐漸成為一大社會隱憂。
此病又稱為退休症候群，
是指高齡者離開工作崗位後因為飽受
「不知道要做什麼才好」「沒有比失去工作更讓人不安的事了」……
想法所折磨，最終罹患精神疾病。
當然，問題不僅止於退休族，面臨退休的人也一樣。
三、四十歲時明明拚了命工作，
隨著年齡增長，職位和被賦予的職務卻逐漸改變，實在令人沮喪。
另一方面，當意識到自己的衰老後，也會讓情緒愈來愈低落。
此時，請大家試著讓內心戴上「草帽」。

醫譯

最好別讓容器
一直處於填滿的狀態。
做完了自己該做的事，
就趕緊引退吧。
這樣不僅比較帥氣，
也才符合自然之道。

從字面上來看，這句話的意思是不要只顧著表現自己，做完了該做的事就必須引退。

這段話確實可以如此解釋，不過此處想談的是在這麼做之後，那些引退的人卻因為對往後人生感到迷惘而痛苦不已。

在我用自己的方式更進一步解析這段話之後，發現從中也隱含著這樣的訊息：「人生並非只有勤勉工作、持續追求成就。」「自身的活躍及他人的讚賞，並不是唯一重要的目標。」

因退休後失去工作（或是職位隨年齡而調整）而感到痛苦的人，大多是被「自己一直以來都是人生勝利組，無法持續獲勝的人生毫無意義」「唯有活躍於職場，才能實現美好的人生」等想法所束縛。

不過這也是一種「批判」。

套一句老子箴言，這只是利用「充實」「滿足」「讚賞」「好評」等光鮮的要素來妝點人生的生活方式罷了，就像頂著金光閃閃的皇冠。

要是這些外在裝飾一口氣消失了，當然會感到不安。只要是人，都會渴望一直戴著璀璨的皇冠。

我能理解這種心情，然而，老子所要闡述的道理則是：並非只有戴著皇冠的狀態才是完美人生；人生也並非僅有戰勝他人、在職場上發光發熱。理解自己的職責，完成任務後就順其自然地交付下一個人，並坦然接受眼前所面臨的處境。

這樣的態度，才是享受人生並可堅強活下去的技巧。

相較於緊緊抓著破爛皇冠不放的人，果斷戴上草帽的人更加帥氣。

你所需要的，是戴上過去不曾戴過的草帽的勇氣。

縱使認為自己現在的人生形同空無一物的容器，但這也不足為奇，更不必感慨。

空的，才是最好的狀態。

好不容易清空容器，就能盡情去做過去因為太忙而做不到的事，試著用嶄新的事物填滿容器，成為嶄新的自己。這也是很棒的生活方式。

草帽和太陽、藍天非常相襯。能夠戴上這麼棒的帽子並向前踏出新的第一步，光想像就雀躍不已，不是嗎？

心之診斷

人生並非只有持續追逐成就。等時機到來便瀟灑引退，才是自然之道。到時候，再用新事物填滿空的容器即可。

28 對生存意義感到迷惘時，試試鯉魚旗思考

我沒有所謂
「快樂」或「不快樂」，
只是被風
吹著而已。

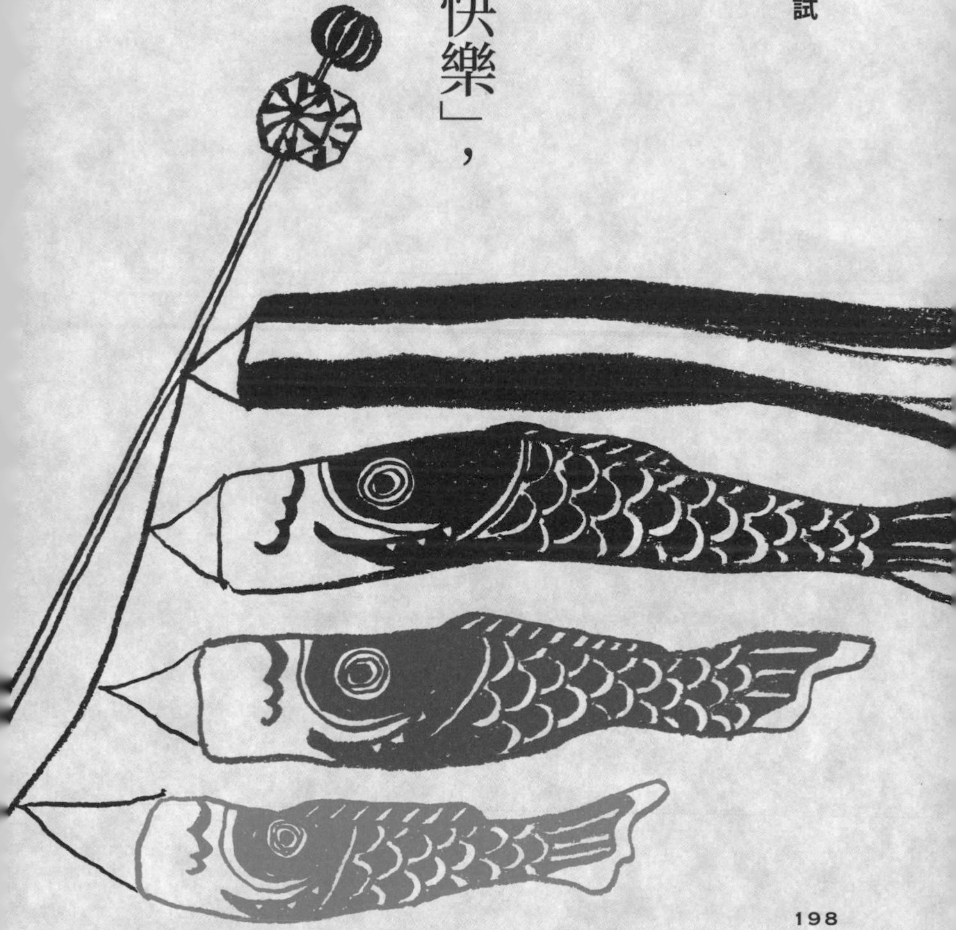

「不曉得活著的意義何在」「自己並沒有活著的價值」

「希望有人可以告訴我每天是為了什麼而活」……

許多前來診療室的患者，會告訴我這些話。

尤其是年輕的繭居族，

特別容易傾訴「活著的意義」「活著的價值」這些詞語。

活著的意義是什麼呢？

我們是為了什麼而活？

能夠回答這類問題的人實在少有。

事實上，許多人因為找不出生存意義而深受折磨。

此時，請大家試著去想想「鯉魚旗」。

醫譯

自然界當中原本就不具有「應該這麼做才對」的意圖。不過仍然有一個法則適用自然界的一切，毫無遺漏，那就是「順其自然」。只要順應自然而生，不就夠了嗎？

以老子的立場來說，諸如「活著的意義」「活著的價值」，甚至是「人生在世的應有姿態」等規範從來就不存在，一切都順其自然，只要順應著這偌大的潮流而活即可。

若你已經能夠從自己的人生中找出意義與價值，當然很好。不過，即便沒有，也完全不需要為此感嘆，因為這並沒有優劣之分。

「能否享受人生」，也無關乎好壞優劣。在精神醫學的領域中，對任何事情都感受不到快樂的狀態又稱為「失樂症」（Anhedonia），是精神疾病的一項症狀。

以醫師的立場來看，「對什麼事情都感受不到樂趣」「無法產生情緒起伏」「無法感知自己的情感」……這些情況確實不正常。然而，若以普遍標準來衡量，「無法快樂」真是這麼嚴重的問題嗎？

制定憂鬱症的診斷基準時，通常會依據美國精神醫學學會出版的《精神疾病診斷準則手冊》（The Diagnostic and Statistical Manual of Mental

Disorders，簡稱DSM）。第三版DSM中納入「失樂症」，讓許多日本精神科醫師抱有疑慮：「難道我們真的必須快樂不可嗎？」

當今社會鼓勵我們「享受工作」，懂得從中找到樂趣當然很重要，然而，若「快樂」成為一種不得不為之的規範，就又是另一回事了。

日本搞笑藝人若林正恭先生，曾在某個電視節目上將這股「享受工作」的風潮稱為「enjoy harassment」（享受騷擾）。事實上，有非常多人對於這番發言感到認同。

在美國用餐時，服務生會在送上餐點的同時對客人說：「Enjoy!」由此可知，這種「享受」文化在西方國家已然根深柢固，甚至可說是深植於DNA之中。不過，若要將這一切套用於東方人身上，或許有些強人所難。

能夠享受人生和工作當然很好，但就算沒能享受，也不是什麼大問題。「享受＝正確」「無法享受＝錯誤」的批判思維本身就毫無必要。

每到五月，日本各地會掛上鯉魚旗慶祝兒童節。我們無從得知這些鯉魚旗的心情，不過牠們飄揚於空中的姿態並非出自於「開心」或「即使不開心也不得不這麼做」，僅僅只是隨風吹拂，就是這樣而已。

當周遭掀起這股不知從何而來的「享受」熱潮時，沒有必要被牽著鼻子走。愈對人生感到迷惘，愈要任由自己隨風吹拂，這樣就好。

心之診斷

「必須享受人生才行！」這句話其實是多管閒事。人生本來就不具意義，只要順其自然活下去就好。

㉙覺得自己是井底之蛙時，試試
腳掌思考

倫敦？紐約？
這個世界的價值觀還真是狹隘呢。
我所踏足的
範圍，可是
整個地球喔。

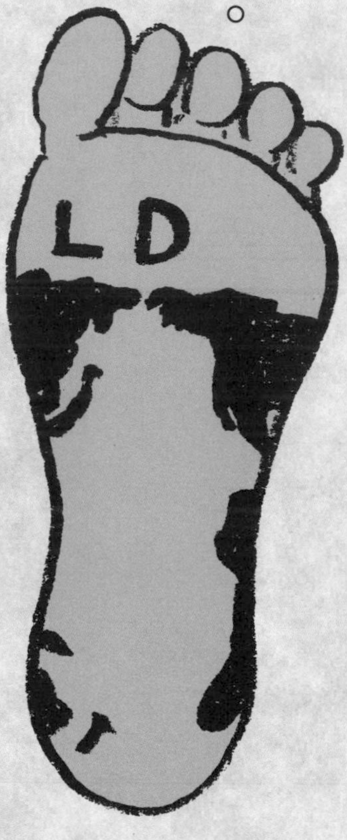

我經常聽到這樣的煩惱：
聽到朋友們活躍於世界各地的消息後，
就會產生「自己活動的範圍好狹隘」
這種鬱悶的心情。

在全球化浪潮下，我們或許都曾聽過有人
「才剛結束新加坡的工作，馬上就得飛倫敦」等忙碌的工作經驗。
在全世界東奔西走、一展長才的人當然很優秀，但與之相比，
若為了「自己的眼界過於狹隘」「對世界一無所知」而感到自卑，
我認為這樣的想法反而很奇怪。
我建議大家試著去想想「腳掌」。

醫譯

去得愈遠，
不保證見識就愈廣。
首先必須看清楚腳邊的事物。
放眼世界當然很好，
不過更重要的是理解「自己」。

全球化盛行的時代，「全球化人才」究竟是怎麼樣的人呢？這個詞彙或許正在迫使我們思考其背後意義。

或許你腦中會浮現這些條件：精通英文、曾居住過紐約或倫敦；因為工作而頻繁造訪杜拜或新加坡……

這些往往是一般人對於所謂「全球化人才」的印象。

然而，光這樣真的就是「全球化」嗎？

有些日本人認為，比起精通國際大小事，那些精通日本大小事，進而將國際情勢介紹給日本的人更加全球化。

精熟自己居住地區的風俗文化，並將這些當地知識傳達給前來造訪的觀光客，這也是一種「全球化」。

當然，我無意爭論何者比較「全球化」，因為沒有必要加以批判。

說到底，世上從來不存在名為「世界」的地方，只有各地人們所居住、生活的腳下土地。

只要用你的方式，在你所生活的地方好好過日子就行了。

我曾經聽一位日本青年海外協力隊隊員表示，這群前往國外從事志工活動的人們常提到「Think globally, act locally」這句話，也就是「思考世界，活動於在地」的意思。

近年來，確實有居住於鄉間小鎮的漫畫家，卻創作出風靡全國的暢銷作品；也有不少店家明明位於深山卻聲名遠播、生意興隆。

相同的道理，也可以在諾貝爾文學獎得主、比利時劇作家梅特林克的作品《青鳥》中獲得印證：該劇敘述一段主角為了尋找幸福而啟程的旅行，結果發現幸福就在身邊。

倘若有人只因為遊遍全世界而感到自滿，我們只要冷眼旁觀，心想「這樣的價值觀還真是狹隘」就行了。

全球化（global）一詞的語源是「globe」，意指「地球」，而你的腳掌所踏足的「這個場所」正是地球。所以，真正的「全球化」，絕非只是前往外頭的世界才成立。

立足於腳下的土地，了解周遭的事物，再以此為基礎來放眼外面的世界。這也是一種理想的生活方式，不是嗎？

心之診斷

真正的全球化人才並非僅是「精通世界」，更重要的是「精通身邊的事物」。

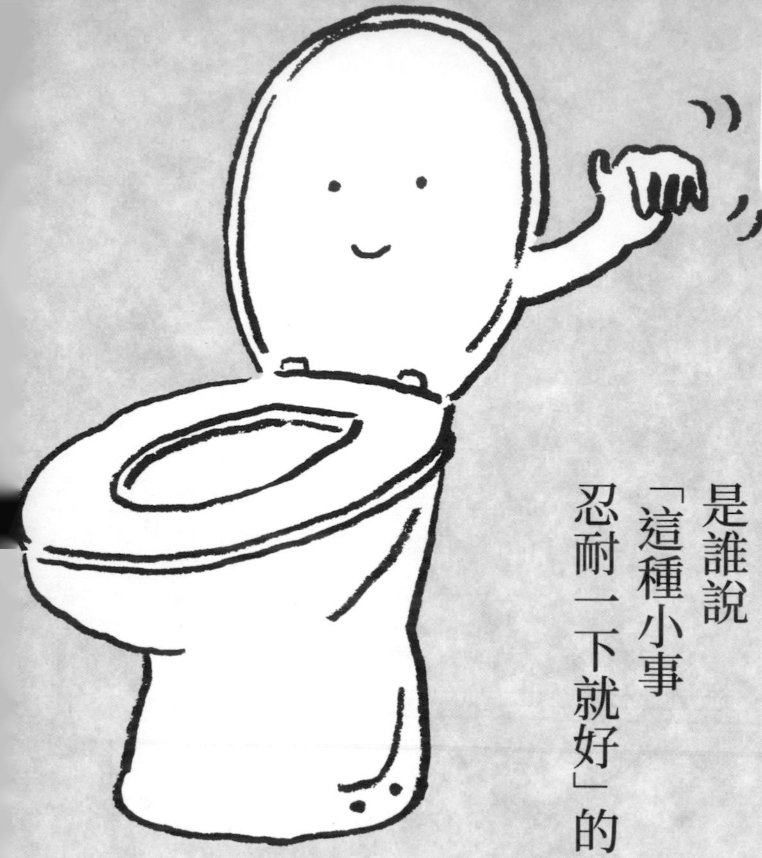

是誰說
「這種小事
忍耐一下就好」的？

別再忍了，
快過來吧。

前來拜訪我的患者中，許多人的症狀和狀況已經非常糟糕，無計可施之下顯得益發驚慌失措，

他們向我傾訴：「不知道該怎麼辦才好。」

然而，其實有不少案例是在事態發展至此前，因為擅自認定「這種小事必須自己想辦法」「不需要特地和別人商量」而一味吞忍。

當然，我的工作就是溫柔面對這些人，和他們一起一步步解決問題。

然而在現實世界中，面對規模龐大且棘手的問題時，並不存在能夠一舉解決的「魔法」或「特效藥」。

此時，請大家試著去想想「廁所」。

醫譯

再大的問題，
也是由微不足道的小事所引起，
而後愈演愈烈。
正因如此，最重要的是
在還容易解決時
就去面對困難的工作；
而龐大的事務要趁
規模還小的時候處理。

世上的困難工作、龐大事務不可能會一夕之間變困難或龐大。就好比河川的源頭，最初都是從渺小的一滴水開始蓄積。

對於每天拚命生活的人而言，就算內心產生了「有點痛苦」的情緒，恐怕也很難察覺訊號，更難以遵從此訊號、好好休息。這是因為他們背負著過重的責任感，同時又懷抱過低的自我肯定感，認為「自己忍耐一下也無所謂」。

舉例來說，在急著找廁所解決生理需求時，就會非常焦慮。不過，倘若在尿急前就先去上廁所，便能維持平靜的心情。

因此，在壓力累積成山之前，請試著趁早向他人尋求幫助；在問題變嚴重之前，請放下無謂的忍耐，著手處理。

心之診斷

別擅自認定「這些事沒什麼大不了」，請拿出適時休息、依賴他人的勇氣。

心之練習 5 讓情緒順暢釋放的廁所練習

所謂「廁所思考」，是在小事情演變成大問題以前，或是趁著事態還不嚴重時先行解決。此時最重要的就是「不要忍耐」。

因此，注意到「自己正在忍耐」的步驟是不可或缺的。

許多人每天都會說服自己：「我還可以再撐一下。」然而，等到這些負荷堆積成山時，就會演變成「我不行了！」「廁所在哪裡？」的嚴重狀況。

我建議大家要練習如何「刻意休息」。

如果是每天汲汲營營於工作的人，請試著進行「每個星期日禁止出門，要在家悠閒度過」「早上睡到自然醒」等練習。

愈認真的人，愈會因為閒下來而產生悔意，認為自己正在浪費時間。不過，這些都是你必須下定決心實踐的「練習」。我在第六十七頁曾提過「什麼都不做」的思考模式，這種悠閒度日的心態，正是你的目標。

當你的日常塞滿了繁忙事項，就必須刻意制定「休息」規則，並安排進例行公事。如此一來，就能在情緒出問題前獲得喘息充電的時間。如果你認為「說是這麼說，執行起來還是很困難」，誠心建議你嘗試這個練習。

別忍到尿急時才起身找廁所，而是在平時即建立「每兩個小時去一次廁所」等規則。倘若覺得訂定時間規律很麻煩，不妨就索性貫徹「在尿急前就先去廁所」這項行為。

除了你以外，沒有任何人可以代替你處理生理需求，除了你以外，沒有人可以讓你的身體休息。希望各位務必認真執行這項練習。

我其實都知道，
但我不會告訴大家……
「我知道。」
這樣才能學到更多，
不是嗎？

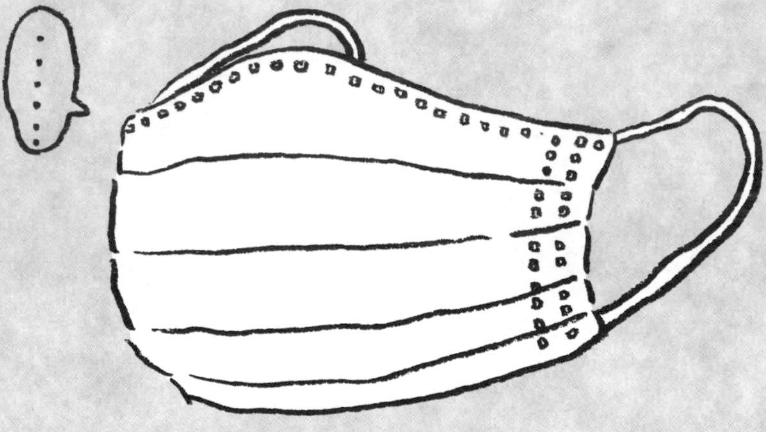

對於自己「知道的事」，就會想要向他人展現自己已經知情。
不僅如此，還會想滔滔不絕地發表見解，這是人類的天性。
例如，當 A 在談論全球經濟趨勢時，
一旁的 B 忍不住插嘴：「那件事我也知道，其實還有這樣的狀況……」
漸漸搶了他人的話。這種案例很常見。
你身邊也有像 B 這樣的人吧？
另一方面，也有人因為不善於表達自己而感到受傷：
「自己明明也懂很多。」「我這樣豈不是被當成什麼都不知道的笨蛋嗎？」
因此羨慕、嫉妒起擅長「自我推銷」的人。
此時，請大家試著去想想「口罩」。

醫譯

故作聰明，到頭來就會出現破綻。
即便知道也說「不知道」，
才是謙虛的表現。
多數情況下，就算聲稱自己知道，
究竟了解到什麼程度
也很讓人懷疑，
不如表明「不知道」。
反過來說，
明明一無所知卻假裝明白，才會帶來災難。

以大前提來說，就算故作聰明，總有一天也會露餡，這種狀況屢見不鮮。我們偶爾會遇見那種明明一無所知，行為舉止卻表現得游刃有餘的人，這種人遲早會被揭穿，周圍的人大多也能隱約感到不對勁。不過，這些都扯遠了。

在老子的這段箴言中，最耐人尋味的訊息就是「即便知道，也要說自己『不知道』」。

不妨去咖啡廳等眾人相聚閒聊的場所觀察看看，現場簡直像一場「知識與經驗」的評選大會。

只要有人提起「前一陣子去夏威夷旅行」，其他人也會不甘示弱地表示「我知道夏威夷有間店很棒！」緊接著，又有另一個人開口談論自己的經驗：「我去夏威夷留學的時候發生了這樣的事……」

我無意抨擊這類對話，不過老子對此的建議是：遇上這種情況時，別展現自己「知道」，而是即便知道，也要說「不知道」。

說到底，就算認為自己很懂，但實際上究竟了解到什麼程度，仍然令人懷疑。哲學家蘇格拉底所說的「無知之知」也能適用於此：沒有什麼比深信「自己了解」還要更無知的了。

此外，倘若採取「無知」的態度，他人就會教導自己很多事情。即便是自己略知一二的議題，其實多半仍有許多面向沒能深入理解，此時就是獲得新知的機會。以剛才夏威夷的案例來說，比起炫耀自己的知識，不如讓其他人告訴自己當地的美味餐廳，如此一來才能在下次旅行派上用場。

反之，在你參與這場炫耀大賽的瞬間，就失去學習的機會了。

擁有豐富的經驗和知識確實很棒，不過，認為「無知等於可恥」的價值觀，只不過是自己的執念罷了。如果吸收知識的目的僅在於炫耀，那還比較可恥呢。

相較之下，若因為不懂而興趣盎然地聆聽對方解說，這樣的態度不是更為體貼又可敬嗎？只有格局寬廣的人，才能用「不知道」的態度，傾聽對方說明自己已知的事情。這就是「口罩思考」。

口罩除了可用於遮蔽口鼻之外，也可以像摔角選手佩戴的全臉面罩那般掩飾自己的真實身分，也就是在與人對話的過程中，飾演「無知」的自己。

一旦感覺「我知道我知道！」這句話要脫口而出時，就馬上戴上口罩。透過這樣的思維模式，便能展開一場和過去完全不同的輕鬆對話，最終才會因此獲得有用的知識。在那之後只要拿下口罩輕輕一笑，先前的沉默不語也就有價值了。

心之診斷

自以為是的心態最是危險。更聰明的應對方式是縱使「知道」，也要說「不知道」。

㉜認為自己很可悲時，試試

通心麵思考

我其實是空心的，
沒有內涵，
但那又怎樣？

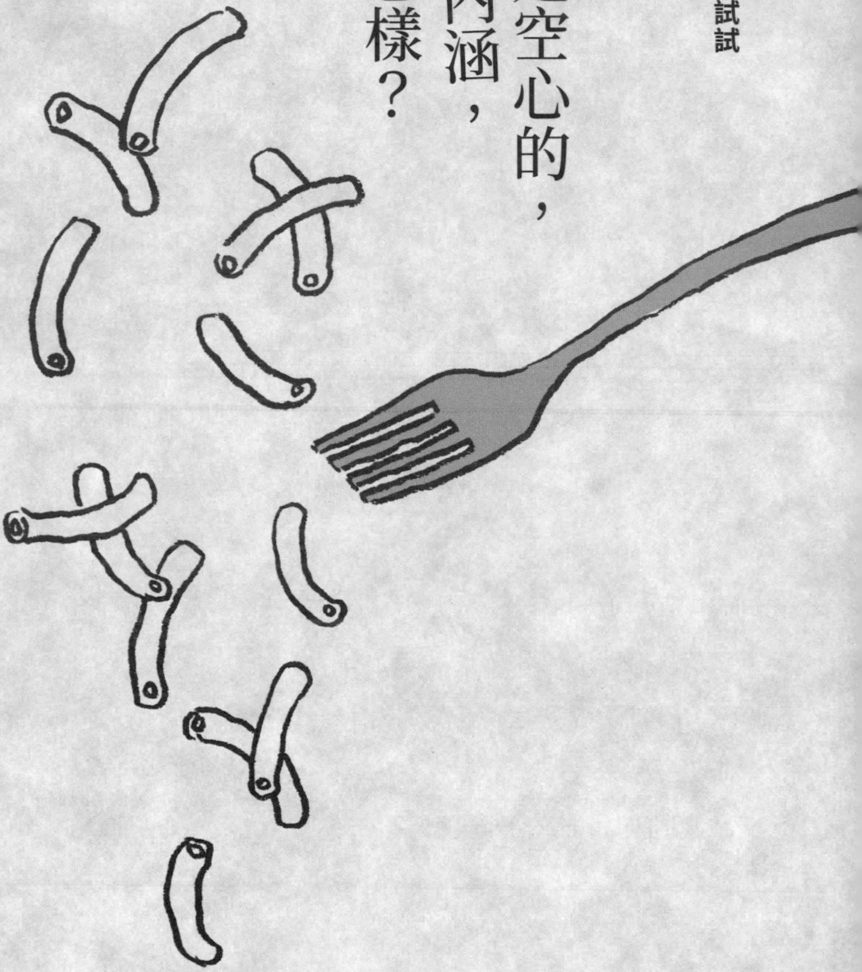

當我們看見自信滿滿、威風凜凜的人時，總是會肅然起敬。

與之相比，自己對任何事都沒有把握。

雖然對此感到慚愧，卻也無計可施。結果愈來愈沒有自信。

就算他人認同自己的工作能力，自己卻依舊無法認同自己。

事實上，很多人抱有這樣的煩惱。

確實，自信滿滿的態度很棒。

這樣的人能夠發揮吸引人的領袖魅力，成功帶領許多專案，這也是事實。

不過，要說唯有具備這份氣魄才稱得上優秀，那可不然。

請大家試著去想想「通心麵」。

醫譯

比起僵硬緊繃，
不如選擇
飄忽又柔軟的姿態。
即便是樹木，
其新生枝幹也是相當柔弱的，
隨著樹齡增長
才會逐漸枯萎硬化。
比起強硬，
柔軟的事物更具有「生機」。

「強不如弱」「剛不如柔」，這樣的觀念極具老子的風格。

本來，老子哲學的其中一個重要思想便是**「柔弱謙下」**。

以上引用的箴言中，也帶有「就算柔弱也無妨，倒不如說弱者才更能頑強地生存下去」的含意。

柔弱的事物自有其溫和且堅毅之處，也因為謙虛、位於低處，才能擁有真正的強韌。

自信滿滿、秉持對自身價值觀的堅定信念及強勢作風，以此率領眾人的領導者，當然非常優秀。

然而，社會無法只靠這類強大的領導者來運轉。

綜觀中國歷史，既有「利用規範」以治理國家的領導人；也有「順應自然」的領導人。

日本漢學家林田慎之助在其著作《TAO，道的思維》（暫譯）中提到，秦始皇身為終結戰國時代全境紛亂的英雄，其領導風格可說是典型的前者。

秦始皇打造中央集權式的新封建社會，建立著名的萬里長城，更搭建起阿房宮這座華麗的大宮殿，實施各種浩大工程。

這樣的歷史功績無可抹滅，然而，庶民苦於勞役、兵役和重稅的事實也確實存在。一旦人民想要逃避這樣的統治，將會受到嚴格的法律制裁。

這就是落實「強權和律法」的政治。

另一方面，劉邦在崩解秦始皇體制並建立新國家——漢朝後，盡可能削弱法律規範的力量，重視人民的意志和自主性，採取順其自然的政治。第五代皇帝文帝承襲了此流派，是最受到老子哲學影響的皇帝。

強硬的秦始皇，和柔弱的劉邦與文帝形成對比。

我無意談論何者領導方式比較好、何者比較壞，而是鼓勵各位「零批判」。只要順應各自的時代，採取最適切的方法即可。

那麼，當今又是怎樣的時代呢？

我認為在現代，這種奠基於領導者個人能力、氣魄的模式正逐漸衰微。世間應有的狀態、團隊應有的狀態、商場應有的狀態、每個人的工作方式及想法，在這個時代都面臨大幅改變，過去的成功經驗已經不再適用，把個人價值觀強行灌輸他人也不再被容許。

高壓統治與管理方式，並不適用於現代。現代期望的是能夠打造自由、舒適氛圍的領導者，以及讓人們互相認可的多樣化價值觀，每個人都擁有自主思考及行動的權利。隨著時代推演，人們期望的正是能夠實踐「柔弱謙下」的人才。

「強大」往往會被認為是好的，而「柔弱」則是不好意。然而，正如同老子所說，強大有著「容易折損」「難以接受他人」「無法讓人安心」的一面，而柔弱有著「柔軟、溫和」「接納他人」「讓大家安心地發揮力量」這優秀的一面。

通心麵也一樣，剛煮好時的口感是最有彈性的。不過，其水分會隨著時間流逝逐漸僵硬，讓人難以下嚥。

老子將柔弱的事物歸類為「生」，堅強的事物則歸類為「死」。確實，人的身體在活著時是柔軟的，死後就會變僵硬，像草一樣，生機盎然時柔軟搖曳，枯萎後便會變得脆硬。

柔弱，也是活著的證明。

無關何者較好或較差，這一切都是相對的。

倘若你感到自己很弱，也請別認為「弱小」等於「沒用」。

在需要強大的時候，只要任由強者發揮長才就好。

不過，這個世界上一定會有需要「弱小」的時候，而且這些時候絕對比你想像得還要多。

由此來看，強大或許才是吃虧的。在那之前，你必須等待時機，將弱小的自己自信地展現出來。

向周遭人們展現「即便弱小，但也拚了命努力」的誠意，別對自己說謊。

這樣一來，就能得到那份只屬於你的「名為弱小的強大」。

心之診斷

柔弱，是活著的證明。有時候弱者更能夠頑強地生存。

〈後記〉讓老子哲學幫助你好好生活

我之所以成為精神科醫師，契機來自於學生時代租屋處的一位老奶奶。當時，我在醫學系課堂上成天都在學習細胞或內臟的知識，日子一久也開始有點厭煩了。沒想到，我反而在每天傾聽老奶奶和租屋處鄰居向我吐露煩惱的過程中，漸漸覺得「人心其實很有趣」。

之後，我成為精神科醫師，前往美國留學，並在書店發生了轉變命運的邂逅——那便是後來我翻譯為日文的書籍：《好心情手冊》（The Feeling Good Handbook）。

當時，提到憂鬱症的治療方式，人們只知道要吃藥。然而這本書中卻寫了這段話：「憂鬱症患者很容易產生思維上的壞習慣，只要予以修正，便能夠治癒。」

讀到這段話的當下，除了震驚以外，我也萌生強烈的希望。心理治療或許就像我聆聽老奶奶傾吐煩惱那般，藉由內心交流，就有可能治癒精神上的疾病。

不過，現行的「認知行為療法」畢竟是直接從西方引進，不僅偏重理論、過於學術，更有不適用於東方人的矛盾之處。因此我認為，只要能夠運用讓日本人更容易自然接納的東方思維，或許就能找出更有效的精神療法。

此時，我邂逅了老子。

老子唯一的著作《道德經》，是一本以僅僅五千字所寫成的薄冊。然而其優美如詩的文體，即便以文學作品而言也相當優秀。讀完後，除了體認到其中闡述人生的教義以外，我也感受到「這是一本能夠預防和治療憂鬱症的書」。於是，這促成了我現在的療程與本書的出版。

為了讓本書能夠不局限於特定疾病，在各位廣大的人生道路上都得以成為指點方向的指標，我下足了工夫。雖然說這些有點僭越，不過可以的話，我希望大家能夠反覆閱讀，倘若能將老子的「零批判」思維內化於心，那可沒有比這還令人高興的事了。

最後，我打從心底感謝在執筆本書時協助過我的各位好朋友。

國家圖書館出版品預行編目 (CIP) 資料

在診療室遇見老子：療癒 10 萬人的日本精神科名醫，教你 32 個「零批判」思考模式 / 野村總一郎作；郭子菱譯. -- 初版. -- 臺北市：今周刊出版社股份有限公司, 2021.08
240 面 ；13×19 公分. -- (社會心理系列 ; 29)
譯自：人生に、上下も勝ち負けもありません : 精神科医が教える老子の言葉

ISBN 978-957-9054-98-0 (平裝)

1. 思考　2. 哲學

176.4　　110008818

社會心理系列 029

在診療室遇見老子

療癒10萬人的日本精神科名醫，教你32個「零批判」思考模式

人生に、上下も勝ち負けもありません 精神科医が教える老子の言葉

作　　者　野村總一郎
譯　　者　郭子菱
副總編輯　鍾宜君
責任編輯　李韻
封面設計　張巖
內文排版　簡單瑛設
校　　對　許訓彰、李韻
行銷經理　胡弘一
行銷主任　彭澤葳

發 行 人　梁永煌
社　　長　謝春滿
副總經理　吳幸芳
副 總 監　陳姵蒨

出 版 者　今周刊出版社股份有限公司
地　　址　台北市南京東路一段96號8樓
電　　話　886-2-2581-6196
傳　　真　886-2-2531-6438
讀者專線　886-2-2581-6196轉1
劃撥帳號　19865054
戶　　名　今周刊出版社股份有限公司
網　　址　http://www.businesstoday.com.tw

總 經 銷　大和書報股份有限公司
製版印刷　緯峰印刷股份有限公司

初版一刷　2021年8月
定　　價　340 元